Zucker, Zimt und Liebe

VIRGINIA HORSTMANN

Zucker, Zimt und Liebe

JEANNYS SÜSSE REZEPTE

Hölker Verlag

Inhalt

VORWORT

Mein Name ist Virginia – ich werde jedoch Jeanny genannt, seit ich denken kann – und ich esse so unheimlich gerne Kuchen. Ich bin verzückt, wenn die Kuchengabel durch sanften Cheesecake fährt, wenn kandierte Pekannüsse zwischen den Zähnen knuspern und warme Butterstreusel auf Rhabarberkuchen die Nase kitzeln, sodass man den Duft am liebsten in hübschen Flakons einfangen würde. Backen ist meine große Leidenschaft, meine Auszeit vom Alltag, meine Entspannungsoase. Statt zum Yoga zu gehen, bemehle ich die Arbeitsfläche, kremple die Ärmel hoch und knete den Teig.

Mit jedem Kuchen, den ich backe, hole ich mir meine Kindheit zurück, und mit jedem Bissen erinnere ich mich an all die bunten Familienfeste und Momente des Glücks. Der Geschmack von Donauwelle lässt die Hochzeit von Onkel Herbert wieder aufleben, den Gewürzkuchen mit extra dickem Zuckerguss gab es bei jedem Besuch von Tante Erna, und bei Frankfurter Kranz denke ich unwillkürlich an unsere alte Nachbarin. Kuchen bedeutet für mich ein Stück heile Welt, und deswegen vergeht kein Wochenende, an dem nicht mindestens ein Exemplar auf unserem Küchentresen thront und darauf wartet, angeschnitten zu werden.

Nachdem mich immer häufiger Freunde und Familie nach Rezepten fragten, setzte ich mich an Neujahr vor 2 Jahren nachts an den Computer und legte los. Am nächsten Morgen war mein Food-Blog »Zucker, Zimt und Liebe« geboren. Seitdem wird in unserer Küche nicht nur fleißig gewogen und gerührt, sondern ebenso leidenschaftlich fotografiert. Und was gibt es Schöneres, als das süße Leben mit anderen zu teilen?

Als ich mit Herzpochen und vor Euphorie ganz geschwungener Signatur den Vertrag zu diesem Buch unterschrieb, lag ein wahrer Backmarathon vor mir. 76 Rezepte wollten erdacht, ausprobiert und die Ergebnisse wunderschön in Szene gesetzt werden. Unzählige Packungen an Mehl und Zucker stapelten sich in unserer Küche, daneben Hunderte Backpulvertütchen, Vanillestangen und Schokoladentafeln. Der Kühlschrank war prall gefüllt mit Butter, Schlagsahne und Obst aus aller Herren Länder. Ich habe aus Hefeteig kleine Kunstwerke geflochten, mein Work-out mit dem Kneten von Teig absolviert, viel ausprobiert und wieder verworfen, getüftelt und verbessert, gestylt und fotografiert. Lieblingsmenschen durften kosten, urteilen und sich über Naschereien freuen. Nun haben Familie und Freunde alle ein bisschen mehr Speck auf den Hüften, aber dafür auch ein seliges Lächeln auf den Lippen.

Damit diese Freude niemandem verwehrt bleibt, sind die Rezepte allesamt einfach nachzubacken. Man braucht dafür kein Patisserie-Diplom und auch kein Profiwerkzeug. Die Zutaten sind vielseitig gewählt, sodass für jeden Geschmack etwas Leckeres dabei ist. Neben Kleinigkeiten für zwischendurch gibt es besonders Schönes für die Sonntagstafel und Seelenstreichler, die an grauen Tagen das Leben versüßen.

Ich wünsche viel Spaß beim Nachbacken und guten Appetit!

ALL THE ♥ IN THE UNIVERSE,

Jeanny

KLEINE SÜSSE *Sünden*

Es muss nicht immer die große mehrstöckige Torte sein, denn manchmal macht auch ein kleines Häppchen Süß schon selig. Hier folgt eine Sammlung meiner Lieblings-Sündchen im Miniaturformat.

JEANNYS Lieblingsmadeleines

»Mama, hast du Muscheln gebacken?« So leicht und schön wie vom Strand aufgelesen, dabei jedoch viel sanfter und süßer sind diese französischen Gebäckschönheiten, die sich übrigens auch sehr gerne in Milch oder Kaffee dippen lassen.

FÜR CA. 24 STÜCK
(abhängig von der Größe der Förmchen; ich habe eine Form mit kleineren Backmulden und erhalte aus dem Teig ca. 40 Madeleines)
180 g Butter
4 Eier
170 g Zucker
170 g Mehl
2 TL Backpulver
1 Msp. Zimt
1 Miniprise Salz

♥

AUSSERDEM:
Butter für die Form
Puderzucker zum Bestäuben

1. Die Mulden der Madeleine-Form gut buttern. Den Ofen auf 180 °C Ober- und Unterhitze vorheizen.
2. Die Butter in einem kleinen Topf schmelzen und abkühlen lassen.
3. Eier und Zucker in eine Schüssel geben und ca. 5 Minuten schaumig schlagen.
4. Mehl, Backpulver, Zimt und Salz erst mischen, dann sieben und bei langsamem Mix-Tempo zur Ei-Zucker-Mischung geben.
5. Die zerlassene Butter zufügen und verrühren. Den Teig dann in die Madeleine-Form füllen und 8–11 Minuten im Ofen backen. Die Madeleines sind fertig, wenn der Rand leicht braun wird.
6. Vorsichtig aus den Mulden lösen und mit reichlich Puderzucker bestäuben.

MEIN TIPP

Man kann die Madeleines auch mit einer Glasur versehen. Oder, oder, oder.

Himbeer-Mascarpone-Mini-Pies
MIT HERZ

Schade eigentlich, dass wir unseren Kindern keine Süßigkeiten mit in die Brotdose stecken dürfen. Wirklich schade, denn sonst könnte unser kleiner Charmeur mit diesen Herzchen-Pies seine Tischnachbarin oder gar die Klassenlehrerin zum Schmelzen bringen …

FÜR 6 KLEINE PIES
(abhängig von der Größe der von euch gewählten Ausstechform natürlich)

♥

FÜR DEN TEIG:
200 g Mehl
1 Msp. Salz
½ TL Zucker
105 g sehr kalte Butter in Stücken
5 EL eiskaltes Wasser

♥

FÜR DIE FÜLLUNG:
6 EL frische Himbeeren
(oder TK, dann aber fast vollständig aufgetaut)
1 Prise Zimt
2 EL Zucker
6 TL Mascarpone

♥

AUSSERDEM:
1 Ei, zusammen mit 1 EL Milch (oder Sahne) verquirlt

1. Für den Pie-Teig Mehl, Salz und Zucker mischen. Die Butter zugeben und die Mischung schnell krümelig kneten. Wasser zufügen und alles rasch zu einem Teig verarbeiten. Nicht zu viel kneten, Pie-Teig mag das gar nicht. Er soll nur gerade so zusammenhalten. Dann leicht flach drücken, in Frischhaltefolie wickeln und für mindestens ½ Stunde in den Kühlschrank legen.
2. Währenddessen die Füllung vorbereiten: Die Himbeeren leicht mit einer Gabel zerdrücken und mit Zimt und Zucker mischen.
3. Den Ofen auf 190 °C Ober- und Unterhitze vorheizen. Ein Backblech mit Backpapier auslegen.
4. Den Teig kurz Zimmertemperatur annehmen lassen. Dann rasch, mit möglichst wenigen Zügen von der Mitte nach außen ca. 3 mm dünn ausrollen. Mithilfe eines runden Ausstechers 12 Kreise ausstechen. Die Hälfte auf das Backpapier legen und mit je 1 Teelöffel Mascarpone sowie 1 Esslöffel der Himbeermasse versehen. Die Ränder mit etwas verquirltem Ei bestreichen.
5. Aus den restlichen sechs Kreisen entweder kleine Herzchen oder Sterne ausstechen. Diese Kreise dann auf die mit Mascarpone und Himbeeren beseelten unteren Hälften legen, die Ränder fest verschließen und mit einer Gabel andrücken.
6. Die kleinen Pies mit dem restlichen verquirlten Ei bestreichen und im Ofen ca. 20 Minuten backen. Die Himbeeren werden schön blubbern, und ich finde es auch gar nicht schlimm, wenn etwas Himbeersaft aus dem Herz herausfließt. Süße Himbeerlava!

Mohn-Vanille-Küchlein

Der kleine Dalmatiner unter den Kuchenschönheiten, der nicht nur bezaubernd zu meinem Pünktchenkleid passt, sondern auch gerne mit auf Picknicks fährt und sich dann auf dem Fahrrad unterwegs verspeisen lässt.

FÜR CA. 8 MUFFINGROSSE KÜCHLEIN

190 g Mehl
280 g Zucker
¾ TL Backpulver
1 Prise Salz
1 EL Mohn
120 ml Milch
2 EL griechischer Joghurt oder Crème fraîche
240 ml Pflanzenöl
3 Eier
Ausgekratztes Mark von 1 Vanilleschote

♥

FÜR DIE GLASUR:

100 g Puderzucker
1–2 EL Milch

♥

AUSSERDEM:

Butter und Mehl für die Form

1. Den Ofen auf 200 °C Ober- und Unterhitze vorheizen. Küchlein- oder Muffinform buttern und mit Mehl ausstäuben.
2. Mehl, Zucker, Backpulver, Salz und Mohn in einer Schüssel mischen, dann beiseitestellen.
3. Milch, Joghurt (oder Crème fraîche), Öl, Eier und das ausgekratzte Vanillemark in einer anderen Schüssel vermengen und zur Mehlmischung geben. Alles nur so lange verrühren, bis eine homogene Masse entsteht. Zu viel Rührerei nimmt den Küchlein die Fluffigkeit.
4. Den Teig in die vorbereiteten Förmchen geben und 20–25 Minuten im Ofen backen.
5. Aus Puderzucker und Milch nach gewünschter Konsistenz einen Zuckerguss anrühren und über die abgekühlten Küchlein geben.

KLEINE Ricotta-Kirsch-Pop-Tartes

Steckt in euch auch ein kleiner Picasso? Mögt ihr abstrakte Kunst? Dann freut euch schon mal. Denn hier dürft ihr diese Leidenschaft mit dem Backen verbinden und die kirschsaftsüße Zuckerglasur meisterhaft wild über diese kleinen Tartes verteilen. Ein wahres Kunstwerk – und die leckere Belohnung winkt sofort im Anschluss ...

FÜR 6 KLEINE TARTES

155 g Mehl
15 g Puderzucker
1 Prise Salz
75 g kalte Butter in Stücken
1 Eigelb
40 ml Milch
4 EL Ricotta, leicht verrührt
4 EL Kirschmarmelade
1 Ei, zusammen mit 1 TL warmem Wasser verquirlt

FÜR DIE GLASUR:

100 g Puderzucker
1–2 EL Kirschsaft oder Milch

AUSSERDEM:

Mehl für die Arbeitsfläche

1. Mehl, Puderzucker und Salz mischen. Die Butter zugeben und mit den Händen krümelig reiben. Das Eigelb und die Milch zufügen und alles zu einem glatten Teig verarbeiten. Diesen flach drücken und in Frischhaltefolie wickeln. Dann für mindestens ½ Stunde kalt stellen.
2. Den Ofen auf 190 °C Ober- und Unterhitze vorheizen. Ein Backblech mit Backpapier auslegen.
3. Den Teig auf der bemehlten Arbeitsfläche zu einem ca. 40 x 23 cm großen Rechteck ausrollen. Daraus mit einem Teigrad oder Pizzaschneider 12 kleine Rechtecke ausschneiden. Diese aufs Backblech legen.
4. Nun auf die Hälfte der Rechtecke mithilfe eines kleinen Löffels etwas Ricotta, dann ein wenig Kirschmarmelade geben. Die Ränder mit etwas verquirltem Ei bepinseln und die restlichen Rechtecke darauflegen. Dann jeweils am Rand rasch mit einer Gabel zusammendrücken.
5. Die kleinen Tartes 15 Minuten im Ofen backen und anschließend abkühlen lassen.
6. Aus Puderzucker und Kirschsaft oder Milch eine süße Zuckerglasur herstellen und kunstvoll auf den Tartes verteilen.

Apple Pie
MAL ANDERS

Diese Äpfel verkleiden sich heute mal nicht im Schlafrock, sondern hüllen sich in leckeren Pie-Teig. Dazu sind sie noch mit Nüssen und Cranberrys gefüllt und eine echte Seelennahrung. Sobald sie aus dem Ofen kommen, sollte man sie mit Vanillesauce übergießen und zu einem richtig romantischen Liebesfilm auf dem Sofa genießen.

FÜR 5–6 KLEINE APPLE PIES

FÜR DEN TEIG:

300 g Mehl
1 TL Salz
230 g sehr kalte Butter in Stücken
180 ml eiskaltes Wasser

FÜR DIE FÜLLUNG:

5–6 Äpfel
1–2 EL Zitronensaft
3 EL Para- oder Walnüsse
1½ EL brauner Zucker
2 Amarettini, zerbröselt
2 EL Butter in kleinen Flöckchen
2 EL Cranberrys, gehackt

AUSSERDEM:

Mehl für die Arbeitsfläche
1 Ei, zusammen mit 1 EL Milch verquirlt
Vanillesauce oder -eis zum Servieren

1. Für den Teig Mehl und Salz mischen. Die Butter rasch einarbeiten, bis der Teig krümelig wird. Langsam das eiskalte Wasser zufügen, dann ab auf die bemehlte Arbeitsfläche und den Teig mit den Händen zu einer Kugel formen. Das sollte schnell gehen, damit der Teig nicht zu warm wird.
2. Den Teig in zwei Hälften teilen, diese in Frischhaltefolie wickeln und für mindestens 2 Stunden in den Kühlschrank geben. Anschließend den Teig kurz Zimmertemperatur annehmen lassen, damit er sich ausrollen lässt. In der Zwischenzeit die Äpfel schälen und mit einem Ausstecher entkernen. Mit etwas Zitronensaft einreiben.
3. Aus gehackten Nüssen, Zucker, Amarettini, Butter und Cranberrys die Füllung zubereiten.
4. Den Ofen auf 190 °C Ober- und Unterhitze vorheizen. Den Teig dünn ausrollen und die Äpfel gut verteilt daraufsetzen. Die Äpfel füllen, dann großzügig Kreise drum herumschneiden und den Teig von unten nach oben um die Äpfel legen. Den Teig oben gut zudrehen, damit er sich beim Backen nicht öffnet. Am besten mit etwas verquirltem Ei »zukleben«.
5. Die Apple Pies mit dem übrigen Ei bepinseln. Aus den Teigresten kleine Blätter ausschneiden, diese ebenfalls mit Ei einpinseln und die Pies damit verzieren. Auf einem mit Backpapier ausgelegten Blech in den Ofen geben und ca. 25 Minuten backen. Dann die Apfelküchlein noch warm aufschneiden, mit Vanillesauce oder -eis servieren und genießen.

Semlor – schwedische Hefeteilchen
MIT MARZIPANFÜLLUNG UND SAHNE

In Schweden wurden diese vielleicht leckersten Brötchen der Welt ursprünglich speziell am Faschingsdienstag, also dem letzten Tag des Faschings vor der Fastenzeit, genossen. Heute findet man sie teilweise durch die ganze Fastenzeit hindurch bis Ostern.

FÜR 10 SEMLOR

FÜR DEN TEIG:
250 ml fettarme Milch
100 g Butter
2 TL Trockenhefe
1 Prise Salz
40 g Zucker
1 Ei
450 g Mehl, plus ggf. etwas mehr

FÜR DIE FÜLLUNG:
150 ml Milch
150 g Marzipanrohmasse
300 ml Sahne

AUSSERDEM:
Puderzucker zum Garnieren

1. Für den Teig die Milch in einem Topf zum Kochen bringen, dann schnell vom Herd ziehen.
2. Butter in die Milch geben und darin langsam schmelzen, dann lauwarm abkühlen lassen.
3. Die Milchmischung zusammen mit den übrigen Zutaten in eine Schüssel geben und alles zu einem glatten Teig verarbeiten. Ist er zu klebrig, esslöffelweise noch etwas Mehl zugeben.
4. Aus dem Teig ca. zehn Kugeln formen und diese auf ein mit Backpapier ausgelegtes Blech setzen. Mit einem Küchentuch abdecken und an einem zugfreien, warmen Ort für ca. 1 Stunde gehen lassen. Dann sollten sich die Kugeln merklich vergrößert haben.
5. Währenddessen den Ofen auf 200 °C Ober- und Unterhitze vorheizen. Die Semlor darin ca. 15 Minuten backen, dann auskühlen lassen.
6. Jeden Semlor mithilfe eines scharfen Messers kappen und für die Füllung mit einem Löffel aushöhlen. Den ausgehöhlten Teig in der Milch aufweichen und mit dem Marzipan zu einer geschmeidigen Masse verarbeiten. Diese dann in die Semlor füllen.
7. Die Sahne steif schlagen und auf die Füllungen spritzen. Die Deckel obenauf setzen und die Semlor mit Puderzucker garnieren.

Himbeer-Friands

Klein und süß und saftig – und als leicht säuerlich frische Überraschung: wunderschön himbeerig. So schmecken diese perfekten Törtchen für zwischendurch. Die Friands lassen sich natürlich auch in Muffinförmchen backen und selbstredend auch mit Blaubeeren oder Erdbeeren zubereiten.

FÜR CA. 12 STÜCK AUS DER MUFFINFORM ODER 6–8 STÜCK AUS MINI-KASTENFORMEN

190 g Butter
60 g Mehl
200 g Puderzucker
120 g sehr fein gemahlene Mandeln
5 Eiweiß
Abrieb von 1 Bio-Zitrone
Himbeeren (oder andere Beeren) nach Belieben (auch TK)

AUSSERDEM:

Butter und Mehl für die Formen

1. Den Ofen auf 180 °C Ober- und Unterhitze vorheizen. Die Förmchen buttern und leicht mit Mehl ausstäuben.
2. Die Butter in einem kleinen Topf zerlassen. Mehl und Puderzucker in eine Schüssel sieben und die Mandeln zufügen (diese vor Gebrauch evtl. noch einmal mahlen, damit sie richtig fein sind).
3. Leicht verquirlte Eiweiße, zerlassene Butter und Zitronenabrieb zufügen und alles gut verrühren.
4. Den Teig zu zwei Dritteln in die Förmchen füllen, mit Beeren belegen und 25–35 Minuten im Ofen backen.

MEIN TIPP

Vor dem Verzehr die Friands am besten noch mit gehackten Pistazien und Puderzucker garnieren und dann mit einem Glas kalter Milch servieren.

Galettes des Rois

Mon Dieu, diese Kuchen aus Blätterteig mit Mandel-Aprikosen-Füllung sieht man in Paris in fast jeder Bäckerei. Und sie sind so einfach hergestellt, dass ich mir meine Erinnerungen an vergangene Reisen in die Stadt der Liebe gerne in Miniaturform aus meinem eigenen Ofen herbeizaubere.

FÜR 6 GALETTES

125 g zimmerwarme Butter
125 g Zucker
130 g gemahlene Mandeln
1 EL Stärke
1 Prise Salz
2 Eier
2 Rollen Blätterteig aus dem Kühlregal (nicht TK!)
6 TL Aprikosenmarmelade

AUSSERDEM:

1 Eigelb, zusammen mit
1 EL Sahne verquirlt

1. Zwei Backbleche mit Backpapier auslegen.
2. Die Butter cremig rühren. Zucker, Mandeln, Stärke und Salz mischen und in die Butter rühren. Dann die Eier nach und nach zufügen. Die Mandelpaste ca. 2 Stunden in den Kühlschrank stellen.
3. Aus dem ausgebreiteten Blätterteig mit einem Glas oder runden Ausstecher sechs Kreise ausstechen und auf den Backblechen verteilen. Auf jedem Kreis 1 Teelöffel Aprikosenmarmelade verstreichen und großzügig die Mandelpaste daraufgeben. Die Ränder mit ein wenig Ei-Sahne-Mischung einpinseln.
4. Mit einem etwas größeren Glas oder Ausstecher sechs weitere Kreise ausstechen. Mit einem Messer Verzierungen nach Wunsch einritzen – Sterne, Zacken, welche Muster ihr auch immer am liebsten mögt. Die verzierten Kreise nun auf die kleineren legen und an den Rändern etwas andrücken. Die Törtchen mit der restlichen Ei-Sahne bestreichen und für ½ Stunde in den Kühlschrank geben. Währenddessen den Ofen auf 200 °C Ober- und Unterhitze vorheizen.
5. Die Galettes anschließend 15 Minuten backen.

Kleine Orangen-Amerikaner

MIT CHAI-GLASUR UND PISTAZIEN

Jeder kennt sie noch von Kindergeburtstagen und vom Bäcker des Vertrauens: Amerikaner, üblicherweise in Zuckerguss gedippt und/oder mit Schokoladenkuvertüre überzogen. Hier mein Versuch, diesen Klassikern der deutschen Backkunst neuen Glamour einzuhauchen: Chai-Tee, Orange und Pistazien küssen sanftes Backwerk.

FÜR CA. 12 AMERIKANER
(je nach Größe)

FÜR DEN TEIG:
100 g zimmerwarme Butter
100 g Zucker
1 Päckchen Vanillezucker
1 Prise Salz
2 Eier
250 g Mehl
1 Päckchen Vanille-Puddingpulver
1½ TL Backpulver
3–4 EL Milch
Abrieb von ½ Bio-Orange

FÜR DIE GLASUR:
1 EL Butter
3 EL Milch
1 Teebeutel Chai (oder Tee-Ei mit Chai-Tee-Mischung)
200 g Puderzucker
Gehackte Pistazien zum Garnieren

1. Den Ofen auf 200 °C Ober- und Unterhitze vorheizen, ein Backblech mit Backpapier auslegen und beiseitestellen.
2. Butter, Zucker, Vanillezucker und Salz in einer Schüssel schaumig schlagen. Eier nacheinander unterrühren.
3. Mehl, Puddingpulver und Backpulver mischen, dann unter den Teig rühren. Milch und Orangenabrieb zugeben und alles gut vermischen.
4. Den Teig nun mithilfe eines Spritzbeutels oder zwei Esslöffeln in mehreren Portionen auf das Backblech geben. Dabei genug Abstand zwischen den Teigportionen lassen, denn die Amerikaner fließen im Ofen zunächst in alle Himmelsrichtungen. (Ich habe daher in zwei Schüben gearbeitet und zunächst 6 Portionen auf das erste Backblech gesetzt und danach noch eine Runde gebacken. Sicher ist sicher.)
5. Die Amerikaner 15–20 Minuten im Ofen backen, dann kurz abkühlen lassen, bevor ihr sie auf einem Gitterrost komplett auskühlen lasst.
6. Für die (wirklich sehr leckere) Chai-Glasur die Butter in einem kleinen Topf zerlassen, dann die Milch zufügen und nach leichtem Erwärmen (auf keinen Fall kochen) den Topf wieder vom Herd nehmen. Den Teebeutel in die Flüssigkeit legen und 3–4 Minuten ziehen lassen. Dann den Beutel leicht ausdrücken und entfernen. Puderzucker gut untermischen und so lange rühren, bis sich eine streichfähige Glasur ergibt. Die Amerikaner damit bepinseln und mit gehackten Pistazien garnieren.

Hörnchen
MIT ZIEGENKÄSE-SCHOKOLADEN-FÜLLUNG

Sonntagmorgen, der Duft selbst gemachter Hörnchen mit Ziegenkäse-Schokoladen-Füllung strömt aus der eigenen Küche bis in die Schlafzimmer und kitzelt die Nasen kleiner Schlafmützen. Klingt gut? Noch besser klingt: Ihr überredet eure Lieben, dieses Rezept einmal für euch zu backen. Es ist nämlich kinderleicht und das Rollen der Hörnchen macht besonders den Kleinsten Spaß.

FÜR 16 HÖRNCHEN

FÜR DEN TEIG:
60 g Zucker
1 Prise Salz
5 EL Milch
5 EL Pflanzenöl
125 g Quark (Magerstufe)
200 g Mehl
2 TL Backpulver
1 Eigelb, zusammen mit 1 EL Milch verquirlt

FÜR DIE FÜLLUNG:
50 g Schokolade, grob gehackt
50 g zimmerwarmer Ziegenfrischkäse
2 EL Zucker

AUSSERDEM:
Mehl für die Arbeitsfläche

1. Für die Füllung Schokolade über einem Wasserbad schmelzen, dann kurz abkühlen lassen. In einer Schüssel mit dem Ziegenfrischkäse und dem Zucker vermengen und alles mit dem Handrührgerät cremig mixen.
2. Den Ofen auf 180 °C Ober- und Unterhitze vorheizen.
3. Für den Teig Zucker, Salz, Milch, Öl und Quark in einer Schüssel mischen. Mehl und Backpulver zugeben und alles zu einem glatten Teig verarbeiten. Diesen in zwei Portionen teilen.
4. Jede Teigportion auf der bemehlten Arbeitsfläche zu einem Kreis ausrollen. Die Kreise erst vierteln, dann die Viertel noch mal halbieren (achteln also). Etwas von der Schokocreme auf die breiteren Enden der Teigstücke geben und diese von der breiten Seite aus eng zu Schnecken aufrollen. Daraus Hörnchen formen und diese auf ein mit Backpapier ausgelegtes Blech setzen.
5. Die Hörnchen mit dem verquirlten Ei bestreichen und 15–20 Minuten im Ofen backen.

Schwedische Zuckerkringel

Meine Familie und ich lieben Schweden. Wenn wir dürften, würden wir uns sogar hier zu Hause mitten in der Stadt ein rotes Schwedenhaus aus Holz bauen. Wir waren auch schon in Bullerbü und haben gehofft, Lasse, Bosse, Britta, Inga, Ole, Kerstin und Lisa zu treffen. Und natürlich lieben wir schwedische Köstlichkeiten – wie diese Zuckerkringel. Ein wenig Bullerbü für zu Hause.

FÜR 16–18 ZUCKERKRINGEL
(je nach Größe)
340 g Mehl, plus ggf. etwas mehr
200 ml Milch
50 g Zucker
10 g Backpulver
100 g Butter

♥

AUSSERDEM:
1 Ei, verquirlt
Hagelzucker zum Bestreuen

1. Den Ofen auf 200 °C Ober- und Unterhitze vorheizen. Ein Backblech mit Backpapier auslegen.
2. Mehl, Milch, Zucker und Backpulver in eine Schüssel füllen und vermengen.
3. Die Butter in einem Topf zerlassen und zur Mehlmischung geben. Alles mit den Händen zu einem Teig verkneten. Der Teig sollte eine leicht klebrige Konsistenz haben, aber auch nicht zu feucht sein, damit man ihn zu Bällchen formen kann. Ist er zu feucht, einfach etwas mehr Mehl zugeben und erneut kneten.
4. Golfballgroße Stücke vom Teig entnehmen. Mit dem Daumen ein Loch in die Mitte der Teigkugeln drücken und den Teig so dehnen, dass man daraus eine Acht formen kann. Diese auf das Backblech legen, mit verquirltem Ei bestreichen und mit Hagelzucker garnieren.
5. Die Zuckerkringel für ca. 15 Minuten im Ofen backen.

Pasteis de Nata

Ich gebe zu, ich war noch nie in Portugal. Aber diese kleinen portugiesischen Kaffeetörtchen mit Cremefüllung machen mir unheimlich Lust darauf. Und irgendwann überrede ich auch den Rest der Familie ... Die Männer vergnügen sich im Meer, ich mich in einer Patisserie bei kleinen Kaffeetörtchen.

FÜR 12 PASTEIS DE NATA
1 Rolle Blätterteig aus dem Kühlregal (nicht TK!)
250 g Zucker
1 EL Mehl
500 ml Vollmilch
6 Eigelb
2 Eiweiß, steif geschlagen

♥

AUSSERDEM:
Puderzucker zum Bestäuben

1. Den Ofen auf 220 °C Ober- und Unterhitze vorheizen. Ein Muffinblech bereithalten.
2. Die Blätterteigrolle nicht aufrollen, sondern in zwölf gleich große Scheiben schneiden. Je eine Scheibe in eine Mulde des Muffinblechs legen und mit der Hand aus dem Teig eine kleine Schale formen. Wenn alle zwölf Pasteis vorbereitet sind, das Muffinblech kurz in den Kühlschrank stellen.
3. Zucker und 100 ml Wasser in einem Topf mischen und den Zucker bei mittlerer Hitze auflösen. 10 Minuten leicht köcheln lassen.
4. Mehl mit der Milch in einem weiteren Topf zum Kochen bringen, dann vom Herd ziehen und den Zuckersirup langsam hineingießen. Dabei gut mit einem Schneebesen verrühren, anschließend abkühlen lassen.
5. Dann die Eigelbe zufügen und die Eiweiße vorsichtig unterheben.
6. Die Füllung in die vorbereiteten Blätterteigförmchen im Muffinblech geben und die Pasteis de Nata ca. 15 Minuten im Ofen backen. Dabei werden sie die typische Bräunung auf der Füllung erhalten.
7. Die Kaffeetörtchen aus dem Ofen nehmen, nur leicht abkühlen lassen und vorsichtig aus der Form stürzen. Sofort mit Puderzucker bestäuben und am besten noch lauwarm genießen.

Donuts mit Zuckerguss

UND BUNTEN STREUSELN

So richtig lernte ich diese süßen Zuckerringe lieben, als ich eine Zeit lang in Boston lebte. In der Firma, in der ich ein Praktikum absolvierte, gab es eine äußerst leckere Dienstagstradition. Denn dann trafen stets verschiedene Abteilungen aufeinander und lernten sich bei Kaffee und ca. 2000 Donuts näher kennen. Da ich leider nicht jeden Dienstag nach Boston reisen kann, musste ein Rezept her, das mir die Erinnerungen zurückbringt.

FÜR CA. 10 DONUTS
(je nach Größe)
4 TL Trockenhefe
250 ml lauwarmes Wasser
60 ml lauwarme Milch
3 EL feiner Zucker
100 g Butter, zerlassen
570 g Mehl
3 Eier
1 Prise Zimt

♥

FÜR DIE GLASUR:
100 g Puderzucker
1–2 EL Milch
Etwas Lebensmittelfarbe
(alternativ: Zimtzucker zum Wälzen)

♥

AUSSERDEM:
Mehl für die Arbeitsfläche
Pflanzenöl zum Ausbacken
(der Topf sollte 4–5 cm hoch mit Öl gefüllt werden)
Zuckerperlen oder Schokoherzen zum Garnieren

1. Hefe, Wasser, Milch und 1 Esslöffel Zucker in einer Schüssel mischen und 5 Minuten ruhen lassen. Dann sollten sich auf der Oberfläche kleine Bläschen gebildet haben.
2. Butter, Mehl, Eier, restlichen Zucker und Zimt zufügen und auf der mit Mehl bestäubten Arbeitsfläche zu einem glatten Teig verkneten. Den Teig zugedeckt an einem warmen Ort ca. 45 Minuten gehen lassen, bis sich das Volumen verdoppelt hat.
3. Anschließend noch einmal 5 Minuten durchkneten, bis sich der Teig glatt und elastisch anfühlt. Dann 1 cm dick ausrollen und aus dem Teig Donuts ausstechen. Dafür kann man ein Glas und für den inneren Kreis ein kleines Schnapsgläschen nehmen, wenn man keine Donutausstecher hat. Die Teigringe nun abgedeckt erneut für ½ Stunde gehen lassen.
4. Das Öl in einem Topf erhitzen. Sobald an einem hineingetauchten Holzlöffel Blasen emporsteigen, die Teigringe nacheinander von beiden Seiten ausbacken, bis sie goldbraun sind. Dann herausfischen und kurz auf Küchenkrepp abtropfen lassen.
5. Wer möchte, wälzt die Donuts nun schnell in Zimtzucker. Die Zuckerglasurfraktion bereitet aus Puderzucker, Milch und Lebensmittelfarbe einen Zuckerguss zu. Dieser sollte nicht zu flüssig sein, sonst fließt er davon. Die Teigkringel darin einseitig eintauchen, dann nach Herzenslust mit Zuckerperlen oder Schokoherzen garnieren.

Zimt-Buttermilch-Kugel-Küchlein

Manche nennen sie Monkey Bread. Vielleicht weil alle sofort anfangen, wie kleine Äffchen auf und ab zu hüpfen voller Vorfreude auf das leckere Zimtgebäck. Oder weil man sie in einer anderen Variante auch mit Banane machen kann. Ich nenne sie lieber Zimt-Buttermilch-Kugel-Küchlein und bin ganz entzückt, wie leicht sie herzustellen sind.

FÜR 12 KUGEL-KÜCHLEIN

♥

FÜR DEN TEIG:
260 g Mehl
3 EL Zucker
1 EL Backpulver
1 Prise Salz
120 ml Buttermilch
80 ml Milch
75 g Butter, zerlassen

♥

FÜR DIE KRUSTE:
100 g weißer Zucker
6 EL Butter, zerlassen
150 g brauner Zucker
1 TL Zimt

♥

FÜR DIE GLASUR:
100 g Puderzucker
1–2 EL Milch

♥

AUSSERDEM:
Butter für die Form

1. Den Ofen auf 175 °C Ober- und Unterhitze vorheizen. Eine Muffinform mit 12 Mulden buttern, dann beiseitestellen.
2. Für den Teig Mehl, Zucker, Backpulver und Salz in eine Schüssel sieben. Buttermilch, Milch und die zerlassene Butter zufügen und alles schnell mit einem Schneebesen oder den Fingern mischen.
3. Für die Kruste den Zucker in eine verschließbare Dose füllen.
4. Kleine, teelöffelgroße Portionen vom Teig entnehmen und daraus Kugeln formen. Diese nacheinander in die Zuckerdose geben, ordentlich schütteln und auf jede Muffinmulde sechs kleine gezuckerte Teigkugeln verteilen.
5. Die Butter mit braunem Zucker und Zimt mischen. Diese Mischung über die Kugel-Küchlein geben und das Muffinblech für ca. 20 Minuten in den Ofen stellen.
6. Nach dem Backen und Auskühlen Puderzucker und Milch mischen, die Küchlein aus der Form nehmen und mit der Glasur verzieren.

Apfel-Mango-Crumbles
IM GLAS

Nichts ist für mich so sehr Soulfood wie Streusel auf Äpfeln, direkt aus dem Ofen. Jedes Mal wenn meine Geschmacksnerven nach mehr als einem Naturapfel rufen, kommen butterige Crumbles darauf. Ich war ja schon immer dafür, Streuselduft in Flakons abzufüllen. Wäre mein Lieblingsduft, ganz bestimmt!

FÜR 6 GLÄSER

2 kleine Äpfel
Etwas Zitronensaft
1 Mango
1 EL Speisestärke
2 EL Butter

♥

FÜR DIE STREUSEL:

100 g Mehl
50 g Zucker
½ Päckchen Vanillezucker
1 Prise Salz
1 Prise Zimt
60 g zimmerwarme Butter

1. Den Ofen auf 175 °C Ober- und Unterhitze vorheizen. Äpfel schälen, entkernen und würfeln. Sofort mit etwas Zitronensaft beträufeln. Mango ebenfalls schälen, vom Kern befreien, in Würfel schneiden und mit den Äpfeln in einer Schüssel mischen.
2. Das Obst mit der Stärke vermengen und auf sechs ofenfeste Gläser verteilen. Die Butter in kleinen Flöckchen daraufgeben.
3. Für die Streusel Mehl, Zucker, Vanillezucker, Salz und Zimt mischen. Butter in kleinen Stücken zugeben und alles mit den Händen zu Streuseln kneten. Die Streusel dann über die Äpfel streuen.
4. 25–30 Minuten im Ofen backen.

MEIN TIPP

Besonders lecker schmecken die Apfel-Mango-Crumbles mit cremiger Vanillesauce.

Süßkartoffelmuffins

MIT ZUCKER-ZIMT-KRUSTE

Gut, mein Mann liebt sie vor allem zu seinem Brathuhn nebst anderem Grillgemüse aus dem Ofen. Ich finde, sie passen auch ganz hervorragend in eine Muffinform und werden mit Zimt und Zucker bedeckt zu leckeren kleinen Köstlichkeiten: herrlich orangefarbene Süßkartoffeln, die sich wunderbar in Gebäck verwandeln lassen.

FÜR 10 MUFFINS

300 g Mehl
1½ TL Backpulver
1 Prise Salz
¼ TL Natron
80 ml Buttermilch
80 ml Vollmilch
1 große Süßkartoffel, gekocht und zu Püree gestampft
115 g zimmerwarme Butter
135 g brauner Zucker
2 Eier

FÜR DIE KRUSTE:

70 g Zucker
2 TL Zimt
55 g Butter

AUSSERDEM:

Butter und Mehl für die Form (alternativ: Muffin-Papierförmchen)

1. Den Ofen auf 175 °C Ober- und Unterhitze vorheizen. Eine Muffinform buttern und mit Mehl ausstäuben. Alternativ zehn Muffinförmchen aus Papier in die Mulden setzen.
2. Mehl, Backpulver, Salz und Natron in einer Schüssel gut miteinander vermengen.
3. Buttermilch, Milch und Süßkartoffelpüree in einer anderen Schüssel mischen.
4. Butter und braunen Zucker schaumig schlagen. Die Eier nach und nach zufügen. Abwechselnd die Mehl- und Milchmischungen zugeben, dabei weiterrühren. Zehn Muffinmulden je zur Hälfte mit Teig füllen und die Form für 20–25 Minuten in den Ofen geben.
5. Für die Kruste Zucker und Zimt mischen. Die Butter zerlassen. Sobald die Muffins fertig gebacken sind, diese schnell mit der Butter einpinseln und im Zimtzucker wälzen.

DA FORNO – INGREDIENTI
INGREDIENTS

FÜR DEN *Kuchenteller*

Es gibt so viele Anlässe, einen leckeren Kuchen zu backen. Tausend Gründe und noch mehr unterschiedliche Kuchenarten. Es wäre für mich schwer, einen Lieblingskuchen zu benennen. Ich probiere gerne neue Rezepte aus von Obstkuchen über Napfkuchen bis zu Leckerchen vom Blech – mein Ofen hat schon einige Stunden Hitze auf dem Buckel und wird nicht müde. Genau wie ich und mein Appetit ...

Crème-fraîche-Kuchen
MIT HIMBEEREN

Die sahnige Crème fraîche im Teig und die knusprige Zuckerkruste obendrauf gehen eine himmlisch fruchtige Liaison mit den Himbeeren ein. Einer meiner liebsten Sommerkuchen, frisch und leicht! Zum Glück gedeihen die Himbeersträucher in unserem Garten prächtig.

FÜR 1 KASTENFORM
(CA. 25 CM)

FÜR DEN TEIG:
175 g Mehl
1 TL Backpulver
1 Prise Salz
1 Prise Natron
115 g zimmerwarme Butter
150 g Zucker
2 Eier
200 g Crème fraîche
200 g Himbeeren (auch TK-Früchte funktionieren hier sehr gut, dann jedoch bitte nicht auftauen vor dem Backen)
2 EL brauner Zucker

FÜR DIE GLASUR:
100 g Puderzucker
1–2 EL Milch

AUSSERDEM:
Butter und Mehl für die Form
Einige Himbeeren zum Garnieren

1. Ofen auf 175 °C Ober- und Unterhitze vorheizen. Die Kastenform buttern und mit Mehl ausstäuben.
2. Für den Teig Mehl, Backpulver, Salz und Natron in eine Schüssel sieben, dann beiseitestellen.
3. In einer anderen Schüssel Butter und Zucker mit dem Handrührgerät cremig mixen. Die Eier nach und nach zugeben.
4. Die Mehlmischung nun abwechselnd mit der Crème fraîche zu der Eimischung geben, dabei weiterrühren.
5. Die Himbeeren vorsichtig unterheben (wenn man TK-Himbeeren benutzt, muss man glücklicherweise nicht ganz so vorsichtig sein) und den Teig in die vorbereitete Form füllen. Mit braunem Zucker bestreuen.
6. Die Form in den Ofen geben und den Kuchen 60–70 Minuten backen. (Mit einem Holzstäbchen in den Kuchen stechen und testen, ob er schon gar ist bzw. keine Teigreste haften bleiben, denn nicht vergessen: jeder Ofen backt anders.) Anschließend abkühlen lassen.
7. Für die Glasur Puderzucker und Milch verrühren und den Kuchen damit verzieren.
8. Ein paar besonders schöne Himbeeren obenauf setzen.

Erdbeer-Kokos-KUCHEN

Er möchte Kokoskuchen, sie lieber Erdbeeren? Für solche Fragestellungen am Samstagnachmittag vor dem heimischen Ofen hält die Welt des Selbstbackens eine beziehungsschonende Kompromisslösung bereit: den wirklich sehr einfach und schnell hergestellten, lecker-frischen Erdbeer-Kokos-Kuchen. Alles wird gut!

FÜR 1 SPRINGFORM (Ø 20 CM)

220 g Mehl, plus 2 EL extra
1½ TL Backpulver
1 Prise Salz
50 g Kokosflocken
190 g zimmerwarme Butter
160 g Zucker
3 Eier
4 EL Kokosmilch (alternativ: Vollmilch)
Ca. 10 Erdbeeren, geputzt und geviertelt

AUSSERDEM:

Butter für die Form
400 ml Schlagsahne
2 EL Puderzucker

1. Den Ofen auf 180 °C Ober- und Unterhitze vorheizen. Die Springform buttern und den Boden mit Backpapier auslegen.
2. Mehl, Backpulver und Salz mischen und in eine Schüssel sieben. Die Kokosflocken zugeben und die Mischung beiseitestellen.
3. In einer anderen Schüssel Butter und Zucker mit dem Handrührgerät cremig mixen. Die Eier nach und nach zufügen.
4. Nun die Mehlmischung abwechselnd mit der Kokosmilch (oder Vollmilch) einrühren.
5. Den Teig anschließend in die vorbereitete Form geben. Die Erdbeerviertel kurz in 2 Esslöffeln Mehl wälzen, dann kreisförmig auf dem Kuchenteig drapieren.
6. Die Form zunächst für 20 Minuten in den Ofen geben. Dann die Temperatur auf 160 °C reduzieren und den Kuchen weitere 45–50 Minuten backen. Der Stäbchentest zeigt, ob der Kuchen gar ist. Anschließend aus dem Ofen holen und auskühlen lassen.
7. Nun die Schlagsahne mit dem Handrührgerät steif schlagen und dabei Puderzucker einrieseln lassen. Zum Kuchen servieren.

Mallorquinischer Mandelkuchen

ALS GUGELHUPF

Hier ersetzen fein gemahlene Mandeln das Mehl und machen den Gugelhupf zu einem fluffigen, lockeren Nachmittags-Kaffee-Kuchen, der an Urlaube auf der Sonneninsel erinnert.

FÜR 1 KLEINE GUGELHUPF- ODER 1 SPRINGFORM (Ø 23 CM)

200 g Mandeln, blanchiert und geschält
5 Eier, getrennt
200 g Zucker
Abrieb von ½ Bio-Zitrone

♥

AUSSERDEM:

Butter und Mehl für die Form
Puderzucker und Mandelblättchen zum Garnieren

1. Ofen auf 170 °C Ober- und Unterhitze vorheizen.
2. Die Form sehr gut buttern und mit Mehl ausstäuben (überschüssiges Mehl herausklopfen, sonst kommt der Kuchen nach dem Backen und Abkühlen nicht heile auf den Kuchenteller, und das wäre doch schade).
3. Die Mandeln in der Küchenmaschine sehr fein mahlen. Wer keine hat, nimmt einfach gemahlene Mandeln.
4. Eigelbe und Zucker in einer Schüssel cremig rühren. Mandeln und Zitronenabrieb zufügen.
5. Eiweiße mit (gereinigten) Mixerquirlen steif schlagen. Etwas vom Eiweiß zum Mandelteig geben und gut einrühren, damit sich der Teig schon mal langsam an den Eiweißschub gewöhnen kann. Dann den Rest Eiweiß sachte mit einem Teigschaber unterheben.
6. Den Teig sodann in die vorbereitete Form füllen, oben gut glatt streichen und dafür sorgen, dass er sich gleichmäßig verteilt. Ca. 40 Minuten im Ofen backen, bis der Stäbchentest positive Rückmeldung gibt.
7. Den Kuchen komplett auskühlen lassen und erst dann stürzen. Mit Puderzucker und Mandelblättchen garnieren.

MEIN TIPP

Wenn ihr mögt, könnt ihr noch eine Handvoll klein gehackte Schokolade unter den Teig heben, bevor ihr ihn in die Form füllt.

Hummingbird-
SCHNITTEN

Viele Mythen ranken sich um diesen Kuchen und versuchen, die Entstehungsgeschichte zu erklären. Aber uns soll hier kurz egal sein, woher er stammt: Wenn sich Ananas, Bananen und Kokosnuss treffen und beschließen, sich zu einem leckeren Teig zusammenzutun, wird daraus ein saftiger Kuchen, der ein bisschen nach Jamaika schmeckt.

FÜR 1 QUADRATISCHE BACKFORM (20 X 20 CM)

FÜR DEN TEIG:

190 g Mehl
1 TL Backpulver
1 Prise Salz
½ TL Natron
1 TL Zimt
200 g brauner Zucker
450 g Ananas in Stücken (Dose)
70 g Kokosflocken
2 Bananen, geschält und in Stücke geschnitten
2 Eier
120 ml Pflanzenöl

FÜR DAS FROSTING:

50 g Frischkäse (Doppelrahmstufe)
25 g zimmerwarme Butter
250 g Puderzucker
1–2 EL Milch

AUSSERDEM:

Butter für die Form
1 Handvoll gehackte Walnüsse

1. Den Ofen auf 180 °C Ober- und Unterhitze vorheizen. Die Backform mit Backpapier auslegen und die Seiten leicht buttern.
2. Für den Teig Mehl, Backpulver, Salz, Natron, Zimt und Zucker in eine Schüssel geben und vermischen.
3. Ananasstücke abgießen, dabei 80 Milliliter Saft auffangen. Beides mit Kokosflocken, Bananen, Eiern und Öl in die Schüssel zur Mehlmischung geben und alles mit einem Handrührgerät oder einer Küchenmaschine gut verrühren.
4. Dann den Teig in die Form füllen und ca. 45 Minuten im Ofen backen. Kurz abkühlen lassen und anschließend auf ein Kuchengitter geben.
5. Für das Frosting Frischkäse und Butter cremig rühren. Puderzucker zufügen und je nach Konsistenzwunsch etwas Milch zugeben. Auf den Kuchen streichen und mit gehackten Walnüssen garnieren. Vor dem Servieren in Stücke schneiden.

Battenberg-Kuchen

Ein echter britischer Klassiker ist dieser mit Marzipan umhüllte Kuchen, der aufgeschnitten ein bisschen wie ein Schachbrett aussieht. Am besten, ihr lasst eure Gäste zur Tea Time einfach mal raten, wie dieser bunte Kuchen wohl entstanden sein könnte.

FÜR 2 KASTENFORMEN (8 X 20 CM)

175 g Mehl
½ TL Backpulver
1 Msp. Salz
175 g zimmerwarme Butter
175 g Zucker
3 Eier, verquirlt
Etwas rote Lebensmittelfarbe
4 EL Aprikosenmarmelade, gut verrührt
1 Marzipan-Decke (als Rolle)

♥

AUSSERDEM:

Butter und Mehl für die Formen

1. Den Ofen auf 180 °C Ober- und Unterhitze vorheizen. Die Backformen buttern und mit Mehl ausstäuben.
2. Mehl, Backpulver und Salz mischen und in eine Schüssel sieben, dann beiseitestellen.
3. Butter und Zucker mit dem Handrührgerät cremig rühren. Die Eier und dann die Mehlmischung nach und nach zufügen, dabei weiterrühren und alles gut mischen.
4. Den Teig in zwei gleich große Portionen teilen, eine Portion vorsichtig mit etwas Lebensmittelfarbe einfärben. Dann beide Teige auf die Formen verteilen und im Ofen ca. ½ Stunde backen (Stäbchenprobe machen!).
5. Anschließend auskühlen lassen und beide Kuchen längs halbieren, sodass jeweils zwei gleich große Kuchenstreifen in derselben Farbe entstehen. (Sollten die Kuchen zu stark aufgegangen sein, diese oben begradigen.)
6. Mithilfe der Aprikosenmarmelade einen roten und einen gelben Kuchenstreifen wie ein Maurer miteinander verbinden. Beide Streifen oben nun ebenfalls mit Marmelade bestreichen und in umgekehrter Farbreihenfolge die verbliebenen beiden Kuchenstreifen daraufsetzen.
7. Den gesamten Kuchenwürfel nun mit der restlichen Aprikosenmarmelade bestreichen. Die Marzipandecke ausrollen und um den Kuchen legen. Überstehende Ränder abschneiden.

Zimtschnitten

Diese handlichen Zimtteile passen in jede Handtasche. Theoretisch. Denn praktisch werden sie schon den Weg von der Backform zur Kuchenplatte nicht überleben.

FÜR 1 BACKFORM (20 X 30 CM)

230 g zimmerwarme Butter
200 g brauner Zucker
110 g weißer Zucker
½ TL Natron
1 große Prise Zimt
1 Prise Salz
2 Eier
275 g Mehl
4–6 EL Zimtzucker

AUSSERDEM:

Butter und Mehl für die Form

1. Den Ofen auf 175 °C Ober- und Unterhitze vorheizen. Die Backform buttern und leicht mit Mehl ausstäuben.
2. Die Butter und beide Zuckersorten in einer Schüssel cremig rühren.
3. Natron, Zimt und Salz zufügen. Dann die Eier, zum Schluss das Mehl zugeben. Währenddessen weiterrühren und alles gut miteinander vermengen.
4. Den Teig nun in die vorbereitete Form streichen und dann ca. ½ Stunde im Ofen backen. Anschließend sofort mit Zimtzucker bestreuen.
5. Die Zimtschnitten nach dem Auskühlen in Stücke schneiden und servieren. Auf keinen Fall vergessen: Vor dem Verteilen natürlich erst einmal selber ausgiebig testen und genießen.

Kirsch-Bananen-
CHEESECAKE

Ich weiß nicht, was wir als Kinder lieber mochten: Das Schauspiel beider Säfte, wenn sie in ein Glas gegossen wurden und so hübsch marmoriert dahinflossen, oder den leckeren Geschmack. Ich habe aus dieser Erinnerung heraus einen Kiba-Käsekuchen kreiert, der fruchtig-frisch schmeckt und bisher alle Besucher bezauberte, die auch Cheesecake lieben.

FÜR 1 SPRINGFORM (Ø 20 CM)

FÜR DEN BODEN:
100 g Butter, zerlassen
200 g Vollkorn-Butterkekse, fein zerbröselt
2 EL Zucker

FÜR DIE FÜLLUNG:
450 g zimmerwarmer Frischkäse
150 g Zucker
1½ EL Mehl
2 Eier
100 g Schmand
1 große, sehr reife Banane, geschält und fein zerdrückt

FÜR DAS KIRSCH-TOPPING:
1 großes Glas Kirschen oder Schattenmorellen (à 680 g), sehr gut abgetropft
100 g Zucker
4 EL Kirschsaft
1½ EL Speisestärke

1. Den Boden der Springform mit Backpapier auslegen. Den Ofen auf 175 °C Ober- und Unterhitze vorheizen.
2. Butter mit den Keksen und dem Zucker gut mischen und auf dem Boden der Form verteilen. Fest andrücken und kalt stellen.
3. Den Frischkäse mit einem Handrührgerät kurz cremig mixen. Zucker und Mehl mischen, zum Frischkäse geben und alles zu einer glatten Masse verrühren. Eier nacheinander zugeben, dann zunächst den Schmand und schließlich die Banane unterrühren.
4. Die Käsemasse nun auf den vorbereiteten Boden geben und glatt streichen. Das Äußere der Springform gut mit Alufolie umwickeln. Die Form dann in eine tiefe, große Auflaufform setzen und diese mit heißem Wasser auffüllen, sodass die Springform zur Hälfte davon bedeckt ist. Dann vorsichtig in den Ofen stellen. (Das Wasserbad hilft beim gleichmäßigen Backen und verhindert spätere Risse des Käsekuchens.)
5. Den Kuchen ca. 45 Minuten backen. Er erscheint dann in der Mitte noch etwas weich, wird aber fester, sobald er abkühlt. Die Auflaufform samt Kuchen noch bei ausgeschalteter Ofenfunktion für 1 Stunde im Ofen belassen. Dann herausnehmen und über Nacht im Kühlschrank fest werden lassen.
6. Vor dem Servieren die Kirschsauce zubereiten. Hierfür alle Zutaten in einem Topf mischen und zum Köcheln bringen. Nach 2 Minuten sollte die Sauce leicht eingedickt sein und darf nach ganz kurzem Abkühlen über den Kuchen gegossen werden.

SCHWEDISCHER Mandelkuchen

Dies ist der allereinfachste Kuchen, den ich kenne. Dazu ist er noch herrlich weich und bleibt es auch ein paar Tage lang. Man kann den Mandelkuchen natürlich mit Blaubeeren und Sahne servieren, aber auch einfach so frisch aus dem Ofen ist er ein echter Hit.

FÜR 1 SPRINGFORM ODER OFENFESTE PFANNE (Ø 20 ODER 24 CM)

115 g Butter
200 g Zucker
Abrieb von 1 Bio-Zitrone
2 Eier
1 Prise Salz
Ausgekratztes Mark von 1 Vanilleschote
120 g Mehl
1 Handvoll Mandelblättchen
2 EL Zucker zum Bestreuen

AUSSERDEM:

Butter für die Form

1. Ofen auf 175 °C Ober- und Unterhitze vorheizen. Eine Springform oder ofenfeste Pfanne leicht buttern.
2. Die Butter in einem Topf zerlassen und beiseitestellen.
3. Zucker und Zitronenabrieb in eine Schüssel geben. Mit einem flachen Löffel oder Mörser gut miteinander verreiben. Welch ein Duft!
4. Die Eier zugeben und mithilfe eines Schneebesens alles gut verrühren. Salz und Vanillemark zufügen. Dann das Mehl einrühren.
5. Flüssige Butter zugeben, alles zu einem schön geschmeidigen Teig verarbeiten und in die vorbereitete Form füllen.
6. Mandeln auf dem Teig verteilen und Zucker darüberstreuen.
7. Den Kuchen 25–30 Minuten im Ofen backen, abhängig von der Größe der benutzten Form und den Ofeneigenschaften. Haben ja ab und an ihren eigenen Charakter, diese Einbaugeräte.

Beeren-Marmorkuchen

Früher habe ich am liebsten den Schokoteil im Marmorkuchen gegessen. Heute tausche ich Kakao gegen frische Beeren und freue mich immer noch jedes Mal, wenn ich den Kuchen anschneide und das Farbspiel der violetten Teig-Wirbel sehe.

FÜR 1 GUGELHUPFFORM (CA. 2 LITER INHALT)

375 g Mehl
1 Päckchen Backpulver
250 g zimmerwarme Butter
250 g Zucker
1 Prise Salz
4 Eier
125 ml Milch
150 g Blaubeeren

♥

FÜR DIE GLASUR:

100 g Puderzucker
1–2 EL Himbeersaft
(alternativ: Milch und etwas Lebensmittelfarbe)

♥

AUSSERDEM:

Butter und Mehl für die Form
Ein paar Blaubeeren zum Garnieren

1. Ofen auf 175 °C Ober- und Unterhitze vorheizen. Die Gugelhupfform buttern und mit etwas Mehl ausstäuben. Überschüssiges Mehl herausklopfen.
2. Mehl und Backpulver mischen und in eine Schüssel sieben, dann beiseitestellen.
3. Butter, Zucker und Salz in einer anderen Schüssel mit dem Handrührgerät schaumig schlagen. Die Eier nach und nach zufügen.
4. Nun abwechselnd in mehreren Durchgängen die Mehlmischung und die Milch zugeben, dabei weiterrühren. Anschließend ein Drittel des Teiges entnehmen.
5. Die Blaubeeren mit dem Pürierstab fein mixen und das Püree gut mit dem abgenommenen Teigdrittel vermengen.
6. Den hellen und den Blaubeerteig nun abwechselnd in die Form geben und mit einer Gabel durchziehen.
7. Den Marmorkuchen ca. 1 Stunde im Ofen backen, dann abkühlen lassen und aus der Form stürzen.
8. Aus Puderzucker und Himbeersaft oder Puderzucker, Milch und etwas Lebensmittelfarbe eine Glasur anrühren und über den erkalteten Kuchen geben. Mit Blaubeeren garnieren.

Lieblings-Geburtstagskuchen

MIT HIMBEERFÜLLUNG UND SAHNE

Happy birthday! Oder auch nicht, denn dieser Lagenkuchen ist auch an Nicht-Geburtstagen eine hübsche Sonntags-im-Garten-unter-Kirschbäumen-sitzen-Kuchenvariante. Hier habe ich meine Lieblingsblumen nicht in einer Vase danebengestellt, sondern direkt auf dem Kuchen platziert.

FÜR 2 SPRINGFORMEN
(Ø 20 CM)

♥

FÜR DEN TEIG:
200 g Zucker
200 g zimmerwarme Butter
4 Eier, leicht verquirlt
200 g Mehl
2 TL Backpulver
2 EL Milch

♥

FÜR DIE FÜLLUNG UND
DAS FROSTING:
25 g zimmerwarme Butter
50 g Frischkäse (Doppelrahmstufe)
250 g Puderzucker
250 ml Sahne
Ca. 5 EL Himbeermarmelade
(oder mehr, ganz wie ihr mögt)

♥

AUSSERDEM:
Butter und Mehl für die Formen

1. Ofen auf 190 °C Ober- und Unterhitze vorheizen. Die Springformen buttern und mit Mehl ausstäuben.
2. Alle Zutaten für den Teig mit dem Handrührgerät oder einer Küchenmaschine gut mischen, bis eine homogene, cremige Masse entsteht. Den Teig gleichmäßig auf beide Springformen verteilen und ca. 20 Minuten backen. Aus dem Ofen nehmen und abkühlen lassen.
3. Für die Füllung Butter, Frischkäse und Puderzucker so lange mixen, bis eine cremige Mischung entsteht. Nicht verzagen, das kann einige Minuten dauern. Alles wird gut!
4. Sahne sehr steif schlagen und 3 Esslöffel der Frischkäsemischung zügig unterheben. Die restliche Frischkäsemasse beiseitestellen, diese wird zum krönenden Kuchenfrosting.
5. Wer möchte, kann jetzt die Himbeermarmelade durch ein Sieb streichen und von den Kernen befreien.
6. Einen der beiden Kuchenböden umgedreht (also mit der flachen Unterseite nach oben) auf eine Tortenplatte legen, großzügig – und zügig, die Sahne wartet! – mit Himbeermarmelade bestreichen. Dann mit der Sahne toppen und schließlich den zweiten Boden obenauf legen. Dieses Mal mit der flachen Seite nach unten.
7. Das restliche Frischkäsefrosting über den Kuchen geben. Es macht übrigens gar nichts, wenn davon etwas an der Seite herunterläuft. Ich finde sogar, das hat den Charme des Selbstgemachten. Wir sind ja keine Konditorei, gell?

Pflaumenmus-Mandelkuchen

MIT KARDAMOM

Pflaumenmus auf Brot geht immer. Ich mache mir seit Jahren mein Mus selber, und schon das Entsteinen der Pflaumen zu Musik an meiner Kücheninsel wird zum Spätsommerritual. Wieso das leckere Ergebnis dann nicht mal als Zutat im Kuchen versuchen? Ich habe es getestet und bin begeistert. Süßer Kuchenteig, durchzogen von leicht säuerlich-würzigem Pflaumenmus, und dazu Mandelblättchen sind eine Kombination, die wunderbar funktioniert.

FÜR 1 RECHTECKIGE BACKFORM ODER 1 RUNDE SPRINGFORM (Ø 24 CM)

225 g Mehl
1 TL Backpulver
1 Prise Salz
1 Prise gemahlener Kardamom
120 g zimmerwarme Butter
150 g Zucker
2 Eier
125 ml Milch
4 EL Pflaumenmus
4 EL Mandelblättchen

♥

AUSSERDEM:

Butter für die Form
Puderzucker zum Garnieren

1. Ofen auf 170 °C Ober- und Unterhitze vorheizen. Backform gut buttern, evtl. mit Backpapier auslegen.
2. Mehl, Backpulver, Salz und Kardamom mischen und in eine Schüssel sieben.
3. Butter und Zucker in einer anderen Schüssel mit dem Handrührgerät cremig mixen. Eier nach und nach zufügen.
4. Dann abwechselnd Milch und Mehlmischung zugeben und alles zu einem homogenen, cremigen Teig verrühren.
5. Den Teig in die Form geben und mit einem kleinen Löffel mehrere Tupfen Pflaumenmus obenauf setzen. Mit einem Holzstäbchen oder einer Gabel zu kleinen Wirbeln verzieren und mit Mandelblättchen bestreuen.
6. Den Kuchen 30–35 Minuten im Ofen backen. Abkühlen lassen und mit Puderzucker bestäuben.

Chai-Tee-
KUCHEN

It's tea time! Und dazu passt ein saftiger Chai-Tee-Kuchen, der herrlich samtig schmeckt. Wer keinen Chai mag: Auch jeder andere Tee kann die Milch aromatisieren und den Kuchen zum Tee-Erlebnis werden lassen.

FÜR 1 KASTENFORM
(CA. 25 CM)
60 ml Milch
3 Teebeutel Chai (alternativ:
6 g loser Tee in einem Teesieb)
150 g Mehl
100 g gemahlene Mandeln
2 TL Backpulver
1 Prise Salz
200 g Zucker
Abrieb und Saft von 1 Bio-Zitrone
60 ml Pflanzenöl
150 g Naturjoghurt (3,5% Fett)
2 Eier, leicht verquirlt
1 Handvoll Mandelblättchen

AUSSERDEM:
Butter und Mehl für die Form

1. Den Ofen auf 175 °C Ober- und Unterhitze vorheizen. Die Kastenform buttern und mit Mehl ausstäuben.
2. Milch in einem Topf erhitzen und die Teebeutel hineingeben. Dann vom Herd nehmen und ca. 10 Minuten ziehen lassen.
3. Mehl, gemahlene Mandeln, Backpulver, Salz, Zucker und Zitronenabrieb in einer Schüssel mischen.
4. In einer anderen Schüssel Öl, Joghurt, Zitronensaft und die Teemilch vermengen. Die Mehlmischung und die Eier zugeben. So lange rühren, bis ein homogener Teig entsteht.
5. Den Teig nun in die vorbereitete Form füllen, mit den Mandelblättchen garnieren und für ca. 45 Minuten in den Ofen geben. Stäbchenprobe machen und testen, ob der Kuchen fertig gebacken ist.
6. Auskühlen lassen und dann stürzen.

Apfel-Möhren-Kuchen

MIT WALNÜSSEN UND HONIG-GLASUR

Möhrenkuchen sind so schön saftig und frisch, dass sogar Vitaminverächter hier nicht Nein sagen werden. Nebenbei habe ich noch geriebenen Apfel ins Rezept geschmuggelt, denn wie heißt es so schön? An apple a day ...

FÜR 1 SPRINGFORM (Ø 20 CM)

1 Handvoll Walnusskerne
250 g Zucker
350 g geriebene Möhren
200 g geriebener Bio-Apfel mit Schale
100 g gemahlene Mandeln
150 g Mehl
150 g Paniermehl
2½ TL Backpulver
1 Prise Salz
½ TL Zimt
Abrieb von ½ Bio-Orange
1 Msp. Ingwerpulver nach Belieben
3 große Eier
150 ml Pflanzenöl

FÜR DIE GLASUR:

100 g Puderzucker
2 EL Honig
1½ EL Milch

AUSSERDEM:

Butter und Mehl für die Form

1. Ofen auf 175 °C Ober- und Unterhitze vorheizen. Die Form mit Backpapier auslegen, den Rand buttern und mit Mehl bestäuben.
2. Die Walnüsse auf einem Backblech verteilen und ca. 5 Minuten im Ofen rösten. In einer beschichteten Pfanne 100 g Zucker bei mittlerer Hitze langsam karamellisieren lassen, dabei stets umrühren und nicht vom Herd weglaufen. Schön rühren und sobald aus dem Zucker flüssiges Karamell geworden ist, schnell die Walnüsse in die Pfanne geben und alles mischen. Dann auf Backpapier geben, abkühlen lassen und grob hacken.
3. Möhren, Apfel, Mandeln und gehackte Walnüsse in einer Schüssel mischen und beiseitestellen. In einer anderen Schüssel Mehl, Paniermehl, Backpulver, Salz, Zimt, Orangenabrieb und evtl. etwas Ingwer mischen.
4. Eier und restlichen Zucker schaumig schlagen, das Öl nach und nach zufügen. Dann mit einem Schneebesen die Mehlmischung unterrühren und zuletzt die Möhrenmixtur zugeben. Nicht wundern, der Teig ist sehr zähflüssig. Aber es ist ja auch ein dichter Herbst-Napfkuchen, kein zarter Cupcake.
5. Den Teig in die Form füllen und ca. 45 Minuten im Ofen backen. Bevor der Kuchen zu fest und trocken wird, lieber frühzeitig den Stäbchentest machen – in der Mitte darf er ruhig noch etwas weich sein. Den Kuchen anschließend auskühlen lassen.
6. Für die leckere Honig-Glasur alle Zutaten gut verrühren. Ist die Glasur zu flüssig, noch etwas Puderzucker zufügen. Ist sie zu dickflüssig, ganz vorsichtig teelöffelweise Milch addieren. Die Glasur nun einfach über den Kuchen geben, fertig.

Rhabarberkuchen

MIT MANDELN

Vor Jahren fragte mein Mann einmal, ob Rhabarber wohl ein Frauengemüse sei. Mag sein. Ich bin eine Frau und ich liebe Rhabarber. Und ich freue mich bei dem Kuchen jedes Mal, wenn ein süßsaures Stück des pinkfarbenen Stängels auf meine Zunge tanzt.

FÜR 1 SPRINGFORM (Ø 20 CM)

100 g Mehl
1 Prise Salz
1 TL Backpulver
150 g zimmerwarme Butter
150 g Zucker
2 Eier
200 g gemahlene Mandeln
400 g Rhabarber ohne Grün, geschält und in grobe Stücke geschnitten
2 EL Mandelblättchen
1 EL brauner Zucker

♥

AUSSERDEM:

Butter für die Form

1. Ofen auf 180 °C Ober- und Unterhitze vorheizen. Die Springform mit Backpapier auslegen und die Ränder buttern.
2. Mehl, Salz und Backpulver in einer Schüssel mischen, dann beiseitestellen.
3. Butter und Zucker mit dem Handrührgerät hell und cremig schlagen. Die Eier nach und nach zufügen, dann die gemahlenen Mandeln und das Mehl zugeben. Alles gut mischen.
4. Den Teig in die vorbereitete Form füllen, den Rhabarber fächerförmig obenauf legen. Dann mit Mandelblättchen garnieren und mit braunem Zucker bestreuen.
5. 60–70 Minuten im Ofen backen. Sollte der Kuchen zu braun werden, kann man die Form in den letzten 15 Minuten mit Alufolie abdecken.
6. Anschließend den Kuchen auskühlen lassen, dann aus der Form nehmen.

MEIN TIPP

Wer mag, kann den Rhabarberkuchen noch mit Puderzucker bestäuben oder mit einer leckeren Kugel Vanilleeis servieren.

Bananen-Zimtschnecken

MIT WALNÜSSEN UND AHORNSIRUPGLASUR

Zugegebenermaßen brauchen diese Bananen-Zimtschnecken-Teilchen ihre Zeit und sind nicht mal eben so bei akutem Zimtschneckenjieper gezaubert, aber jede Minute Wartezeit lohnt sich.

FÜR 10–12 SCHNECKEN

160 ml Milch
120 g Butter
2 EL Pflanzenöl
2¼ EL Trockenhefe
50 g Zucker
1 Prise Salz
1 Eigelb
450 g Mehl
3 sehr reife Bananen, geschält und gut zerdrückt
1 EL Speisestärke
¾ TL Backpulver
7 EL brauner Zucker
2 TL Zimt
1 Handvoll Walnüsse, grob gehackt

FÜR DIE GLASUR

50 g Frischkäse (Doppelrahm)
25 g zimmerwarme Butter
200 g Puderzucker
1 EL Ahornsirup

AUSSERDEM:

Mehl für die Arbeitsfläche
Butter für die Form

1. Die Milch mit 40 g Butter in einem Topf erhitzen, bis die Butter geschmolzen ist. Den Topf vom Herd nehmen, Öl zufügen und gut abkühlen lassen. Dann Hefe zugeben, kurz verrühren und 5 Minuten stehen lassen. Anschließend die Flüssigkeit in eine Schüssel füllen. Zucker, Salz, Eigelb, 240 g Mehl und das Bananenmus zufügen und alles gut mischen.
2. Weitere 180 g Mehl und die Stärke mischen und mit dem Teig vermengen. Mit einem Geschirrtuch abdecken und an einem warmen, zugfreien Ort ca. 1½ Stunden gehen lassen.
3. Das restliche Mehl mit Backpulver mischen und zum Teig geben, noch einmal gut durchkneten. Ist der Teig zu feucht und nicht ausrollfähig (einfach mal mit den Fingern testen), nach und nach esslöffelweise weiteres Mehl zugeben, bis der Teig des Ausgerolltwerdens willig ist.
4. Auf der bemehlten Arbeitsfläche zu einem Rechteck ausrollen. Die restliche Butter zerlassen und den Teig damit bepinseln. Mit Zucker, Zimt (und Liebe, na klar) sowie den gehackten Walnüssen gleichmäßig bedecken und von der schmaleren Seite her eng aufrollen. Mit einem scharfen Messer in ca. 2 cm breite Schnecken schneiden und in eine gebutterte Auflaufform geben. Die Röllchen müssen nicht direkt nebeneinander platziert werden, sie gehen ja noch auf und werden sich dann spätestens beim Backen von ganz alleine näher kommen.
5. Die Schnecken erneut für 40 Minuten gehen lassen. Währenddessen den Ofen auf 175 °C Ober- und Unterhitze vorheizen. Dann 25 Minuten (oder bis sie gut gebräunt sind) im Ofen backen.
6. Für die Glasur alle Zutaten gut mischen und über die noch warmen Zimtschnecken fließen lassen.

Cheesecake

MIT ZIEGENFRISCHKÄSE, FEIGEN UND HONIG

Ich liebe Käsekuchen! Schon früher mochte ich den meiner Mama aus Quark und Vanillepuddingfüllung. Besonders gerne mag ich auch die reichhaltige New Yorker Variante oder wie hier die etwas exotischere Version aus mildem Ziegenfrischkäse, getoppt mit Feigen und Honig. Schmeckt wie ein warmer Tag im mediterranen Urlaub unter Olivenbäumen.

FÜR 1 SPRINGFORM (Ø 20 CM)

♥

FÜR DEN BODEN:
150 g Vollkornkekse, fein zerbröselt
3 EL Zucker
4 EL Butter, zerlassen

♥

FÜR DIE FÜLLUNG:
450 zimmerwarmer Frischkäse
300 g milder zimmerwarmer Ziegenfrischkäse
75 g zimmerwarme Butter
4 Eier
170 g Zucker
1 Vanilleschote

♥

FÜR DAS FROSTING:
250 ml Sahne
200 g Schmand
3 EL Puderzucker
3 Feigen
2 EL Honig

♥

AUSSERDEM:
Butter für die Form

1. Ofen auf 175 °C Ober- und Unterhitze vorheizen. Die Springform mit Backpapier auslegen und den Rand leicht buttern.
2. Die zerbröselten Kekse, den Zucker und die zerlassene Butter mischen und auf den Boden der Form geben. Festdrücken und ca. 15 Minuten im Ofen backen.
3. Für die Füllung die beiden Frischkäsesorten, Butter, Eier, Zucker und ausgekratztes Vanillemark in einer Schüssel mit dem Handrührgerät mischen, bis eine glatte Masse entsteht. Die Füllung nun vorsichtig auf dem Boden verteilen und den Cheesecake für weitere 35–40 Minuten in den Ofen geben. Anschließend wird die Mitte des Kuchens noch etwas weich erscheinen.
4. Den Ofen ausschalten und den Kuchen bei leicht gekippter Tür (der Kochlöffel hilft hier gerne) im Ofen abkühlen lassen. Dann über Nacht in den Kühlschrank stellen.
5. Für das Frosting vor dem Servieren Sahne anschlagen, Schmand und Puderzucker zufügen und alles sehr steif schlagen. Auf dem Kuchen verstreichen.
6. Die Feigen vierteln und ebenfalls auf dem Kuchen drapieren. Mit Honig beträufeln.

SAFTIGER *Apfelmuskuchen*

Apfelmus macht diesen Kuchen so herrlich saftig, auch noch zwei Tage nach dem Backen. Ein echter Klassiker auf unserem Küchentresen, von dem sich alle beim Vorbeigehen gerne ein Stückchen abschneiden, bis sich nur noch Krümel auf dem Teller tummeln.

FÜR 1 GUGELHUPFFORM
(Ø CA. 26 CM, 10 CM HOCH)

250 g Mehl
1½ TL Natron
1 Msp. Salz
2 TL Zimt
2 Eier
225 g weißer Zucker
100 g brauner Zucker
360 g Apfelmus
(am besten ungesüßt)
160 ml Pflanzenöl

♥

AUSSERDEM:

Butter und Mehl für die Form
Puderzucker zum Bestäuben

1. Ofen auf 175 °C Ober- und Unterhitze vorheizen. Die Gugelhupfform buttern und mit Mehl ausstäuben.
2. Mehl, Natron, Salz und Zimt in einer Schüssel mischen, dann beiseitestellen. In einer anderen Schüssel Eier mit den beiden Zuckersorten schaumig schlagen. Dann Apfelmus und Öl einrühren.
3. Die Mehlmischung ganz vorsichtig unterheben, dabei nicht zu viel rühren. Alle Zutaten sollen nur gerade so eben miteinander vermengt sein. Den Teig dann in die vorbereitete Form füllen und ca. 45 Minuten im Ofen backen.
4. Den Kuchen in der Form abkühlen lassen und anschließend auf eine Kuchenplatte stürzen.
5. Vor dem Servieren mit Puderzucker bestäuben.

Gâteau de Crêpes

MIT VANILLECREME UND HIMBEEREN

»Mille Crêpes«, also tausend dünne Pfannkuchen, wird der Kuchen auch genannt, und ich bin ein bisschen froh, dass es dann doch nicht ganz so viele waren. Ja, man steht eine kleine Weile am Herd und wendet hauchdünne Eierkuchen. Aber die Mühe lohnt sich, denn das Kuchenwerk mit Vanillecreme und Himbeeren sieht nicht nur äußerst pittoresk aus, sondern schmeckt auch mindestens genauso fein.

FÜR 1 GÂTEAU DE CRÊPES

♥

FÜR DEN TEIG:
6 Eier
1 Msp. Salz
2 EL Zucker
350 ml Milch
190 g Mehl

♥

FÜR DIE FÜLLUNG:
300 ml Sahne
1 EL Schmand
1 EL Puderzucker
Ausgekratztes Mark von
1 Vanilleschote

♥

AUSSERDEM:
Pflanzenöl zum Braten
Himbeeren und Puderzucker
zur Dekoration

1. Für den Teig die Eier mit Salz und Zucker in einer Schüssel verrühren. Abwechselnd Milch und Mehl zufügen. Den Teig dann mindestens für ½ Stunde ruhen lassen.
2. In einer beschichteten kleinen Pfanne etwas Öl erhitzen und bei mittlerer Temperatur 3 Esslöffel Teig in die Mitte geben. Diesen ganz dünn verstreichen und den Crêpe 1 Minute backen. Umdrehen und ½ Minute weiterbacken. Dann aus der Pfanne nehmen und auf einem Teller lagern. So fortfahren, bis der gesamte Crêpeteig aufgebraucht ist. Die Crêpes gut abkühlen lassen.
3. Für die Füllung Sahne steif schlagen, Schmand, Puderzucker und Vanillemark zufügen und weiterschlagen.
4. Nun mit dem Turmbau beginnen: einen Crêpe auf eine Kuchenplatte legen, 1 Esslöffel Vanille-Sahne daraufgeben und verstreichen. Dann abwechselnd Crêpes und Sahnefüllung aufeinanderschichten, bis zum Schluss nur noch der allerschönste Crêpe als krönender Abschluss übrig bleibt. Diesen dann obenauf legen und den Gâteau mit Himbeeren garnieren und mit Puderzucker bestäuben.

Der Kuchen sollte im Kühlschrank aufbewahrt werden, bis er verzehrt wird.

MEIN TIPP

AUS DER *Keksdose*

Ich wünschte, mein hübscher weißer Buffetschrank wäre stets mit verschiedenen Bonbonnieren und Einmachgläsern bestückt, in denen sich Kekse verschiedener Geschmäcker befinden. Doch sobald Keksduft aus dem Ofen strömt, schaffen es die kleinen Gebäcke meist gerade noch so bis zum Abkühlen und vielleicht einige in ein hübsches Aufbewahrungsglas. Die Finger meiner keksliebenden Familie sind einfach zu schnell.

Kokoskekse

Meine Erinnerung an eine Reise auf die maledivische Insel Kurumba (deutsch: Kokosnuss): Diese Kekse schmecken pura natura schon toll. Aber es spricht auch nichts dagegen, sie vor dem Verzehr in Schokolade zu dippen oder mit Zitronenguss zu übergießen. Jedes Mal, wenn diese Kokoskekse in meinen Ofen wandern, denke ich an diese Optionen, allerdings haben sie bei mir noch nie lange genug überlebt, als dass ich mich an die Umsetzung hätte machen können. Beim nächsten Mal, ganz bestimmt.

FÜR CA. 16 KOKOSKEKSE
(je nach Größe)
150 g Kokosflocken
120 g zimmerwarme Butter
250 g Zucker
2 Eier
300 g Mehl

1. Den Ofen auf 180 °C Ober- und Unterhitze vorheizen. Zwei Backbleche mit Backpapier auslegen. Wer nur ein Backblech hat, backt die Kekse einfach nacheinander.
2. 4 Esslöffel Kokosflocken in eine flache Schale geben und beiseitestellen.
3. Butter, Zucker und Eier in einer Schüssel verrühren. Die restlichen Kokosflocken und anschließend das Mehl zufügen. Aus diesem Teig (der ruhig ein bisschen klebrig sein darf) nun teelöffelgroße Portionen entnehmen und zu Bällchen formen. Diese dann in den beiseitegestellten Kokosflocken wälzen.
4. Pro Blech ca. 8 Bällchen mit genügend Abstand zueinander auf das Backpapier geben und flach drücken, sodass sich kleine, 4 cm große Scheiben ergeben. Die Kekse dann ca. 18 Minuten im Ofen backen.
5. Auskühlen lassen und genauso mit den restlichen Kokos-Kekskügelchen fortfahren.

Baci di dama

Damenküsse heißen diese italienischen Kekse übersetzt. Und ich finde, derjenige, der dieses köstliche Rezept einst erfand, verdient wohl wirklich mille baci aller Damen dieser Welt.

FÜR CA. 30 BACIS

♥

FÜR DEN TEIG:
50 g gemahlene Mandeln
1 EL Zucker
190 g Mehl
40 g ungesüßtes hochwertiges Kakaopulver
¼ TL Backpulver
½ TL Salz
230 g zimmerwarme Butter
125 g Puderzucker
1 EL Rum

♥

FÜR DIE FÜLLUNG:
225 g Schokolade (mind. 70% Kakaoanteil), grob gehackt
1 EL Butter
175 ml Sahne

1. Den Ofen auf 160 °C Ober- und Unterhitze vorheizen. Ein Backblech mit Backpapier auslegen.
2. Für den Teig die Mandeln mit dem Zucker zusammen fein mahlen. Mehl, Kakao, Backpulver und Salz in einer Schüssel mischen, dann beiseitestellen.
3. Butter und Puderzucker in einer anderen Schüssel mit dem Handrührgerät hell und cremig schlagen. Dann die Mehlmischung und schließlich die gemahlenen Mandeln sowie den Rum zufügen. Alles zu einem glatten Teig verarbeiten und diesen in Frischhaltefolie gewickelt für ca. 1 Stunde kalt stellen.
4. Den Teig in drei Teile teilen. Zwei Teigdrittel zurück in den Kühlschrank geben, das andere Drittel zu einer dünnen Rolle (Ø ca. 2 cm) formen. Davon ca. 1,2 cm dicke Stücke abschneiden, diese Stücke zu Kugeln formen. Auf das Backblech geben und 12–15 Minuten backen. Mit den anderen Teigstücken ebenso verfahren. Die Kekse nach dem Backen gut abkühlen lassen.
5. Für die Füllung Schokolade und Butter in eine hitzebeständige Schüssel geben. Die Sahne in einem Topf bis zum Sieden erhitzen und dann über die Schokolade gießen. Kurz stehen lassen, dann rühren, bis die Schokolade glänzend und samtig wird. Abkühlen lassen und anschließend in einen Spritzbeutel mit Lochtülle füllen.
6. Die Schokoladenfüllung jeweils auf die flache Seite eines Kekses geben und einen zweiten daraufsetzen.

FRUCHTIGE Sandwich-Cookies

Mein Versprechen: Jeder wird sie mögen. Warum? Weil jeder seine Lieblingsmarmelade zwischen den beiden Kekshälften verstecken darf. Also ran an die Löffel, fertig, los.

FÜR 20–30 COOKIES
(je nach Größe der Ausstechform)
250 g Mehl
½ TL Backpulver
1 Prise Salz
170 g zimmerwarme Butter
225 g Zucker
1 Ei
Lieblingsmarmelade zum Bestreichen

AUSSERDEM:
Puderzucker zum Garnieren

1. Mehl, Backpulver und Salz in einer Schüssel mischen, dann beiseitestellen.
2. Butter und Zucker mit dem Handrührgerät schaumig schlagen. Dann das Ei und schließlich langsam die Mehlmischung zufügen. Daraus am besten mit den Händen einen glatten Teig formen und diesen in zwei Portionen teilen. Die Teigstücke in Frischhaltefolie gewickelt für 1 Stunde in den Kühlschrank geben.
3. Den Ofen auf 190 °C Ober- und Unterhitze vorheizen. Zwei Backbleche mit Backpapier auslegen (wer nur eines besitzt, backt einfach nacheinander).
4. Nun den Teig dünn ausrollen und daraus mit einem runden Ausstecher oder bemehlten Gläsern Kreise ausstechen. Nach Belieben aus der Hälfte der Kreise kleine Formen ausstechen und alles auf den Backblechen platzieren. Für 8–10 Minuten in den Ofen geben.
5. Nach dem Auskühlen die Hälfte der Kekskreise mit Lieblingsmarmelade bestreichen und jeweils mit einer zweiten Kekshälfte belegen. Mit Puderzucker garnieren.

Snickerdoodles

Nomen est omen. Wer einen Blog schreibt, der Zucker, Zimt und Liebe heißt, der muss schließlich auch Snickerdoodles lieben. Denn: Zucker und Zimt spielen die Hauptrolle in diesem amerikanischen Keksklassiker. Und eine ganze Menge Amore ist natürlich auch mit dabei, wenn man die Kügelchen rollt, wälzt, auf dem Blech platziert und die 8 Minuten Backzeit kaum abwarten kann.

FÜR CA. 30 SNICKERDOODLES

170 g weißer Zucker
130 g brauner Zucker
115 g zimmerwarme Butter
1 Ei
185 g Mehl
1 TL Backpulver
1–2 TL Zimt
1 Prise Salz

♥

FÜR DIE ZUCKERKRUSTE:

75 g Zucker
1½ TL Zimt

1. Den Ofen auf 200 °C Ober- und Unterhitze vorheizen.
2. Beide Zuckersorten und die Butter in einer Schüssel mit dem Handrührgerät schaumig schlagen. Dann das Ei zufügen.
3. Mehl, Backpulver, Zimt und Salz vermengen, zur Buttermischung geben und alles zu einem glatten Teig verarbeiten. Daraus ca. 30 Bällchen formen.
4. Für die Kruste Zucker und Zimt in einer kleinen Schale mischen. Die Bällchen darin wälzen und auf ein mit Backpapier ausgelegtes Blech legen, dabei etwas Abstand lassen. Die Bällchen werden auseinandergehen und sollen sich dabei nicht gegenseitig in die Quere kommen. Wenn nicht alle Bällchen auf das Backblech passen, lieber in zwei Durchgängen backen oder aber mit zwei Blechen arbeiten.
5. Die Snickerdoodles ca. 8 Minuten im Ofen backen, dann auskühlen lassen.

Zimtschneckenkekse

Diese Kekse sehen aus wie kleine Karussells, in denen Zucker und Zimt ordentlich durch den Teig und so zu einem süßen Gebäck wirbelten. Meine Ode an Zimtschnecken im neuen, handlichen Keksformat.

FÜR CA. 30 ZIMTSCHNECKEN-KEKSE
(je nach Größe)

FÜR DEN TEIG:
125 g zimmerwarme Butter
120 g Zucker
1 Päckchen Vanillezucker
1 Ei
250 g Mehl
1 TL Backpulver
1 Eiweiß, zusammen mit 1 EL Wasser verquirlt
50 g Zucker
1 TL Zimt

FÜR DIE GLASUR:
75 g Puderzucker
1 EL Milch

AUSSERDEM:
Mehl für die Arbeitsfläche

1. Den Ofen auf 175 °C Ober- und Unterhitze vorheizen. Ein Backblech mit Backpapier auslegen.
2. Butter, Zucker und Vanillezucker in einer Schüssel mit dem Handrührgerät cremig mixen.
3. Das Ei unterrühren, dann Mehl und Backpulver mischen und zugeben. Mit den Händen zu einem geschmeidigen Teig verkneten. Anschließend zu einer Kugel formen und in Frischhaltefolie gewickelt für 1 Stunde in den Kühlschrank geben.
4. Den Teig auf der bemehlten Arbeitsfläche dünn zu einem Rechteck ausrollen. Mit dem Eiweiß bestreichen und mit Zucker und Zimt bestreuen. Dann vorsichtig von der langen Seite her eng aufrollen (es kann sein, dass der Teig klebrig ist, also sachte rollen), erneut in Frischhaltefolie wickeln und für 15–30 Minuten kalt stellen. Anschließend in Scheiben schneiden und diese auf das Backpapier legen. Passen nicht alle Kekskringel auf das Blech, lieber in zwei Schüben nacheinander backen.
5. Die Zimtschneckenkekse 8–10 Minuten im Ofen backen. Dann auskühlen lassen.
6. Aus Puderzucker und Milch eine Glasur rühren und die Kekse damit verzieren.

Erdbeer-Cookies

Erdbeeren sind ein Wunder der Natur. Mindestens einmal pro Sommer gehen wir auf einen Erdbeerbauernhof und sammeln diese Prachtstücke, bis wir zwei riesengroße Körbe voll haben (und ganz viele direkt in unseren Mündern gelandet sind). Dazu gibt es gleich mehrere Wettbewerbe: Wer findet die dickste Erdbeere? Wer die kleinste, wer die roteste oder lustigste? Danach geht es nach Hause und ich heize den Herd schon mal vor. Denn gebacken wird bestimmt ...

FÜR 16 COOKIES
170 g Mehl
3 TL Backpulver
2 TL Zimt
110 g zimmerwarme Butter
120 g brauner Zucker
240 ml Milch
300 g Erdbeeren, geputzt und fein gewürfelt

1. Den Ofen auf 190 °C Ober- und Unterhitze vorheizen. Ein Backblech mit Backpapier auslegen.
2. Mehl, Backpulver und Zimt in einer Schüssel mischen. Die Butter einarbeiten, bis sich ein streuseliger Teig ergibt. Dann mit dem Zucker vermengen.
3. Die Milch zufügen und ganz vorsichtig die Erdbeeren unterkneten. Alles zu einem geschmeidigen Teig verarbeiten.
4. Mit einem Esslöffel ca. 16 Teigkreise auf das Blech geben und die Erdbeer-Cookies 20 Minuten im Ofen backen.

Himbeerzucker-Palmiers

Wir kennen sie alle von unseren Großmüttern. Gut, damals nannten wir sie Schweineohren, sie waren größer und wurden nicht mit feinem Himbeerzucker kreiert. Doch gestern wie heute schmecken sie einfach nur lecker.

FÜR CA. 15 PALMIERS
(je nach gewünschter Dicke)
1 Rolle Blätterteig aus dem Kühlregal (nicht TK!)
6 EL Zucker
2 EL gefriergetrocknete Himbeeren
1 EL Butter, zerlassen

1. Blätterteig aus dem Kühlschrank holen und kurz Zimmertemperatur annehmen lassen, sonst bilden sich beim Rollen leicht Risse und Falten.
2. Zucker und getrocknete Himbeeren mit der Küchenmaschine ganz fein mahlen.
3. Den Blätterteig ausrollen und mit der zerlassenen Butter bepinseln. Dann gleichmäßig mit dem Himbeerzucker bestreuen und diesen leicht festklopfen (der Rücken eines Esslöffels ist hier ein fleißiger Helfer).
4. Den Blätterteig nun von beiden Seiten her gleichmäßig und eng aufrollen, sodass sich in der Mitte zwei Röllchen treffen. Gut und straff in Frischhaltefolie wickeln und für ½ Stunde kalt stellen. Währenddessen den Ofen auf 200 °C Ober- und Unterhitze vorheizen.
5. Die Teigrolle mit einem ganz scharfen Messer rasch in maximal 1 cm dicke Scheiben schneiden. Diese mit etwas Abstand auf ein mit Backpapier ausgelegtes Blech (oder zwei, je nach Menge und Größe) legen und ca. 10 Minuten im Ofen backen. Die Palmiers sollten nur leicht anbräunen, sonst werden sie zu knusprig und fest.

MEIN TIPP

Wer mag, kann die Palmiers nach dem Backen in Zuckerguss oder Schokoladenkuvertüre tauchen oder in Espresso dippen und schnell essen.

MONDAMIN

Pie Fries

KUCHENFRITTEN MIT ZUCKER, ZIMT UND LIEBE

Wenn ihr beim nächsten Mal hört: »Maaama, wann gibt es mal wieder Pommes?«, versucht es doch einmal damit. Ich bin mir sicher, die Kleinen werden diese Keks-Pommes lieben. Wenn ich nach dem Pie-Backen noch Teig übrig habe, werden daraus immer Pie-Fritten. Ein leckeres Recycling.

FÜR CA. 60 PIE FRIES
(je nach gewünschter Größe)
200 g Mehl
1 Prise Salz
½ TL Zucker
105 g sehr kalte Butter in Stücken
80 ml eiskaltes Wasser

AUSSERDEM:
Mehl für die Arbeitsfläche
60 g Zucker
1 EL Zimt (oder mehr. Oder weniger, ganz wie ihr mögt)

1. Mehl, Salz und Zucker mischen. Die Butter zugeben und in der Küchenmaschine rasch vermengen, bis aus den Butterstücken erbsengroße Streusel geworden sind. Nicht zu lange kneten!
2. Wasser zufügen und mixen, bis der Teig gerade so beginnt, sich zu verbinden.
3. Den Teig dann schnell zu einer Scheibe formen (nicht mehr durchkneten) und in Frischhaltefolie gewickelt ca. 40 Minuten im Kühlschrank ruhen lassen.
4. Den Ofen auf 175 °C Ober- und Unterhitze vorheizen. Ein Backblech mit Backpapier auslegen.
5. Den Teig auf der leicht bemehlten Arbeitsfläche ausrollen (dabei zwischendurch immer wieder wenden, damit er nicht an der Arbeitsplatte festklebt). Dann mit einem Pizzaschneider (oder gewellten Teigschneider) Pommes ausschneiden, großzügig mit Zucker und Zimt bestreuen und auf das vorbereitete Blech legen. 15–20 Minuten im Ofen backen. Anschließend abkühlen lassen.

MEIN TIPP

Je nach Gusto die Pie Fries in Marmelade, Fruchtpüree, Apfelmus, Karamell oder Schokoladencreme dippen.

Kirsch-Haselnuss-COOKIES

Ein Keks für alle Nussliebhaber. Und davon habe ich mindestens zwei zu Hause. Da ich aber auch sehr gerne Früchte mag, schrieb ich dieses Haselnuss-Cookie-Rezept mit Kirschen. Man könnte demnach festhalten, dieser Keks sei unser Familien-Konsens-Keks.

FÜR CA. 20 COOKIES

300 g Mehl
¼ TL Natron
1 Prise Salz
230 g zimmerwarme Butter
180 g Zucker
1 Ei
1 Handvoll gefriergetrocknete Kirschen
60 g gehobelte Haselnusskerne, plus ein paar extra zum Garnieren

♥

FÜR DIE GLASUR:

75 g Puderzucker
1 EL Milch

1. Den Ofen auf 175 °C Ober- und Unterhitze vorheizen. Ein Backblech mit Backpapier auslegen.
2. Mehl, Natron und Salz in einer Schüssel mischen, dann beiseitestellen.
3. Butter und Zucker in einer anderen Schüssel cremig rühren. Das Ei zufügen und alles für ca. 2 Minuten mit dem Handrührgerät mischen.
4. Erst die Mehlmischung, dann die getrockneten Kirschen und Haselnüsse zugeben. Alles gut vermengen.
5. Aus dem Teig walnussgroße Häufchen auf das Backpapier geben, jeweils mit ein paar zusätzlichen Haselnüssen bestreuen und 20–25 Minuten im Ofen backen.
6. Auf einem Gitter auskühlen lassen. Puderzucker und Milch verrühren und die Cookies mit der Zuckerglasur und weiteren Haselnusshobeln garnieren.

Mandelbällchen

Diese runden Mandelteilchen erinnern etwas an Weihnachtskipferl. Doch wird sich bestimmt niemand daran stören, die butterweichen Mandelkekse auch im Frühjahr, Sommer oder Herbst zu genießen – auch ohne dass im Hintergrund Jingles bellen oder gerade ein Oh-Tannenbaum mit bunten Kugeln verziert wird.

FÜR CA. 20 MANDELBÄLLCHEN
(je nach Größe)
345 g zimmerwarme Butter
90 g Puderzucker
½ TL Salz
150 g fein gemahlene Mandeln
375 g Mehl

AUSSERDEM:
75 g Puderzucker zum Wälzen

1. Den Ofen auf 160 °C Ober- und Unterhitze vorheizen. Ein Backblech mit Backpapier auslegen.
2. Butter und Puderzucker in einer Schüssel cremig rühren. Salz zufügen und mit dem Handrührgerät mischen, bis die Masse hell und fluffig wird.
3. Mandeln und anschließend nach und nach das Mehl zugeben. Alles zu einem glatten Teig verarbeiten.
4. Nun walnussgroße Portionen vom Teig abnehmen, mit den Händen zu Bällchen formen und auf das Backblech legen. Dort leicht andrücken.
5. Die Mandelbällchen 15–20 Minuten im Ofen backen.
6. Die Kekse aus dem Ofen nehmen und 2–3 Minuten abkühlen lassen. Dann in Puderzucker wälzen und komplett auskühlen lassen.

Schokoladen-Walnuss-
COOKIES

Nicht mehr wegzudenken aus den Coffeeshops: Chocolate Chip Cookies (hier mit Walnüssen). Ein wahrer Keks-Klassiker, und alle jagen nach ihrem perfekten Rezept. Hier ist meins, das unsere Keksdose oft beherbergt. Aber nicht zu lange natürlich.

FÜR CA. 28 COOKIES

150 g zimmerwarme Butter
80 g weißer Zucker
80 g brauner Zucker
1 Ei
225 g Mehl
½ TL Natron
1 Msp. Salz
200 g Schokolade, gehackt
1 Handvoll Walnusskerne, gehackt

1. Den Ofen auf 190 °C Ober- und Unterhitze vorheizen. Zwei Backbleche mit Backpapier auslegen.
2. Butter und beide Zuckersorten in einer Schüssel mit dem Handrührgerät cremig mixen. Das Ei zufügen.
3. Mehl, Natron und Salz sieben und zugeben. Alles mit einem Löffel verrühren. Schokolade und Walnüsse zugeben und alles gut miteinander vermengen.
4. Mithilfe eines kleinen Löffels 4 cm große Teighäufchen mit genügend Abstand auf das Backpapier geben. Achtung, die Kekse werden im Ofen während des Backens verlaufen und größer! Also lieber in zwei Schüben nacheinander und nicht zu viele Kekse gleichzeitig backen.
5. Die Cookies für 8–10 Minuten in den Ofen geben. Die Kekse sollten nach dem Backen nicht zu fest sein, da sie noch nachhärten. Kurz abkühlen lassen und dann gut verschlossen und am besten vor Krümelmonstern versteckt lagern.

KEKSE MIT Dulce de Leche

Dulce de Leche, die Milchkonfitüre aus dem lateinamerikanischen Raum, liebe ich zu Milchreis, Eis oder Bananen. Nun verbindet sie auch noch auf leckerste und cremigste Art und Weise diese Kekse zu einem Traum-Keks-Sandwich.

FÜR CA. 15 DOPPELKEKSE

225 g zimmerwarme Butter
70 g Zucker
1 Prise Salz
310 g Mehl
1 EL Rum
100 g Walnusskerne, fein gehackt
250 g Puderzucker
150 g Dulce de Leche oder Karamellcreme

1. Butter, Zucker und Salz in einer Schüssel mischen. Dann das Mehl zugeben und alles 1–2 Minuten verkneten. Rum und Walnüsse ebenfalls zufügen.
2. Den Teig nun in zwei Stücke teilen. Jedes Teigstück zu einer 3 cm dicken Rolle formen. Kleine Scheiben (ca. ½ cm breit) abschneiden und auf ein mit Backpapier ausgelegtes Blech geben. Die Kekse für ca. ½ Stunde kühl stellen.
3. Den Ofen auf 170 °C Ober- und Unterhitze vorheizen. Den Puderzucker in einer kleinen Schale bereithalten. Die Kekse nun 20 Minuten im Ofen backen. Anschließend sofort in Puderzucker wälzen und auf einem Gitterrost abkühlen lassen.
4. Dann auf die Hälfte der Kekse Dulce de Leche oder Karamellcreme streichen und die restlichen Kekse obenauf setzen.

MEIN TIPP

Wer Dulce de Leche selber machen will: Ofen auf 220 °C Ober- und Unterhitze vorheizen. Gezuckerte Kondensmilch aus dem Supermarkt in eine Auflaufform geben und mit Alufolie bedecken. Diese dann in eine noch größere Auflaufform stellen, 2 cm hoch mit kochendem Wasser befüllen und für ca. 1½ Stunden in den Ofen geben. Anschließend die abgekühlte Karamellcreme entweder sofort verwenden oder abfüllen und im Kühlschrank aufbewahren.

Französische Tartes UND American Pies

Warum ich Tartes und Pies so liebe? Nur aus wenigen Grundrezepten lässt sich durch Variation der Hauptzutaten so viel abwandeln und Leckeres zaubern. Was auch immer sich gerade auf dem Markt oder im Obstkorb findet, macht aus wenigen Zutaten ein Fest der saisonalen Sinne. Einfach und voller Geschmack, genau wie ich es am liebsten mag.

Nektarinen-Pistazien-FRANGIPANE

Diese Tarte ist wohl eine der am meisten nachgefragten und nachgebackenen in meinem Rezept-Repertoire. Das Farbspiel aus dem Orange-Rot der Früchte, dem knackigen Braun der Tarte und den grünen Pistazien ist fantastisch. Dazu ist dieses Gebäck auch noch kinderleicht herzustellen und schmeckt so herrlich nach Sommer.

FÜR 1 FRANGIPANE

150 g Mandelblättchen
40 g ungesalzene Pistazien ohne Schale
150 g Zucker
¼ TL Salz
2 Eier, verquirlt
2 EL Butter, zerlassen
1 TL Vanilleextrakt
Etwas Mandelaroma nach Belieben
1 Rolle Blätterteig aus dem Kühlregal (nicht TK!)
3–4 Nektarinen, geputzt und in dünne Spalten geschnitten

♥

AUSSERDEM:

Je 1 EL gehackte Pistazien und Mandelblättchen zum Garnieren
1 EL brauner Zucker zum Bestreuen

1. Den Ofen auf 160 °C Ober- und Unterhitze vorheizen. Dann die Mandelblättchen sowie die Pistazien gleichmäßig auf einem Backblech verteilen und ca. 10 Minuten im Ofen rösten.
2. Mandeln und Pistazien anschließend fein mahlen, am besten in einer Küchenmaschine. Dann Zucker und Salz zufügen und weitermahlen. Eier, Butter, Vanilleextrakt und nach Belieben Mandelaroma zugeben und alles zu einer streichfähigen Creme mischen.
3. Den Blätterteig entrollen und zu einem Kreis zurechtschneiden. Mit einer Gabel gleichmäßig einstechen, die Ränder umklappen (dabei am besten die Ecken zusammendrücken, damit alles auch gut hält) und auf einem mit Backpapier ausgelegten Blech im obersten Drittel des Ofens bei 220 °C Ober- und Unterhitze 8 Minuten vorbacken. Aus dem Ofen holen und kurz ruhen lassen. Den Ofen auf 180 °C herunterschalten.
4. Eine dünne Schicht Pistazien-Mandel-Creme auf den Teig streichen.
5. Die Nektarinenspalten fächerförmig obenauf legen, das Ganze mit Pistazien und Mandelblättchen garnieren, mit braunem Zucker bestreuen und die Tarte dann in 35–40 Minuten fertig backen.

Kirsch-Haselnuss-Galettes

Wenn ich morgens ganz früh über den Wochenmarkt schlendere und angelacht werde von roten dicken Kirschen, muss ich sie einfach kaufen und daraus etwas Fantastisches backen. Beispielsweise diese sehr einfachen französischen Galettes.

FÜR 4 KLEINE GALETTES (Ø 15 CM)

♥

FÜR DIE PÂTE BRISÉE (FRANZÖSISCHER MÜRBETEIG):
310 g Mehl
2 TL Zucker
1 TL Salz
230 g sehr kalte Butter in Stücken
60 ml eiskaltes Wasser

♥

FÜR DEN BELAG:
4 EL gemahlene Haselnüsse
2 Handvoll dunkle Kirschen, entsteint
1 Eiweiß, zusammen mit
1 EL Milch verquirlt
5 EL brauner Zucker

1. Für den Teig Mehl, Zucker und Salz mischen. Kalte Butter zugeben und schnell mit den Händen verkneten. Nach und nach das eiskalte Wasser zufügen und so lange kneten, bis der Teig gerade so zusammenhält. Sollte er zu trocken sein, teelöffelweise etwas mehr Wasser zufügen und gut einarbeiten.
2. Den Teig leicht flach drücken und in Frischhaltefolie wickeln. Mindestens 1 Stunde (maximal bis zu 3 Tage) kalt stellen.
3. Anschließend den Teig aus dem Kühlschrank holen und 10 Minuten entspannen lassen. Dann in 4 Stücke teilen und jedes Stück zu einer kleinen Scheibe (Ø ca. 15 cm) ausrollen. Mit genügend Abstand zueinander auf zwei mit Backpapier ausgelegte Bleche legen.
4. Die Galettes mit je 1 Esslöffel gemahlene Haselnüsse bestreuen, entsteinte Kirschen in die Mitte setzen. Dabei gut 2 cm Rand frei lassen, diesen zur Mitte hin umklappen und fest andrücken. Dann mit verquirltem Eiweiß bestreichen.
5. Die Galettes nun mit braunem Zucker bestreuen. Für ½ Stunde nochmals in den Kühlschrank stellen. Währenddessen den Ofen auf 200 °C Ober- und Unterhitze vorheizen.
6. Die Galettes ca. ½ Stunde im Ofen backen. Danach die Temperatur auf 190 °C reduzieren und in weiteren 10–15 Minuten fertig backen. Am besten noch ofenwarm genießen.

MEIN TIPP

Wer mag, kann die Galettes mit Puderzucker bestäuben oder mit Vanilleeis servieren – das vor lauter Freude über die warmen Kirschen sicher sofort dahinschmelzen wird.

Leichte Zitronentarte

Ich liebe die dezente Süße dieser Tarte. Ein bisschen sauer, ein bisschen süß, aber sehr fein und fast so leicht wie eine Feder. Ob meine Waage das genauso sieht? Egal. Das Kuchenherz wird größer und der sommerliche Genuss ist fabelhaft.

FÜR 1 TARTEFORM MIT HERAUSNEHMBAREM BODEN, ALTERNATIV: 1 SPRINGFORM (Ø 24 CM)

♥

FÜR DEN MÜRBETEIG:
180 g Mehl
50 g Puderzucker
30 g gemahlene Mandeln ohne Haut
125 g kalte Butter in Stücken
1 Eigelb

♥

FÜR DIE FÜLLUNG:
125 ml frischer Zitronensaft
Abrieb von 1 Bio-Zitrone
5 Eier
150 g Zucker
300 g Crème double

♥

AUSSERDEM:
Backerbsen zum Blindbacken
Puderzucker zum Garnieren

1. Für den Mürbeteig Mehl, Puderzucker, Mandeln und Butter gut mit den Händen krümelig reiben. Dann das Eigelb zufügen und alles rasch zu einem glatten Teig verkneten. Flach drücken und mindestens 1 Stunde kalt stellen.
2. Den Teig aus dem Kühlschrank holen und 10 Minuten Zimmertemperatur annehmen lassen. Dann so ausrollen, dass er auch die Ränder der Tarteform bedeckt. Den Teig in die Form geben und noch einmal ½ Stunde lang kalt stellen.
3. Den Ofen auf 200 °C Ober- und Unterhitze vorheizen.
4. Den Tarteboden mit Backpapier auslegen, dann mit Backerbsen füllen und 10 Minuten blindbacken. Anschließend Backpapier und -erbsen entfernen und weitere 10 Minuten backen. Aus dem Ofen holen, abkühlen lassen und die Temperatur auf 160 °C reduzieren.
5. Für die Zitronenfüllung Saft, Abrieb, Eier, Zucker und Crème double in einer Schüssel mit einem Schneebesen gut verrühren. Dann durch ein feines Sieb streichen und vorsichtig auf den vorbereiteten Mürbeteig-Boden gießen. Die Tarte 40 Minuten backen. Anschließend mit Puderzucker bestäuben und genießen.

Engadiner Nusstorte

Diese Engadiner Nusstorte oder auch »Tuorta da Nusch« ist der kuchengewordene Traum für Nussliebhaber! Keine Kompromisse. Nuss pur. Sie knackt beim Einschneiden, sie knackt beim Zubeißen. Wer den Kanton bereist, wird in vielen Bäckereien und Konditoreien hauseigene, streng geheime Varianten dieser Torte finden.

FÜR 1 SPRINGFORM (Ø 24 CM)

FÜR DEN TEIG:
300 g Mehl
150 g Zucker
150 g kalte Butter in Stücken
1 Ei
1 Msp. Salz

FÜR DIE FÜLLUNG:
300 g Zucker
400 g Walnusskerne, grob gehackt (oder 200 g Walnusskerne und 200 g Haselnusskerne)
200 ml Sahne

AUSSERDEM:
Butter und Mehl für die Form

1. Die Form buttern und mit Mehl ausstäuben.
2. Für den Teig Mehl, Zucker und Butter verkneten. Dann das Ei und das Salz zufügen und den Teig zu einer Kugel formen. Ca. ½ Stunde kalt stellen.
3. Zwei Drittel des Teiges ausrollen und in die Springform geben. Dabei einen Rand formen und den Teig nochmals für ½ Stunde in den Kühlschrank stellen.
4. Währenddessen den Ofen auf 175 °C Ober- und Unterhitze vorheizen.
5. Für die Füllung den Zucker in einem Topf erhitzen und hellbraun karamellisieren lassen. Dann die Nüsse zufügen und schließlich die Sahne angießen. Dabei ständig rühren. Die Masse aufkochen lassen, bis sich das Karamell gelöst hat.
6. Die Füllung auf dem Boden verteilen. Den restlichen Teig rund ausrollen und wie einen Deckel auf die Füllung geben, dabei die Ränder gut andrücken. Alternativ kleine Herzchen aus dem Teig ausstechen und wie ein Dachdecker auf die Nussmasse legen.
7. Die Torte ½ Stunde im Ofen backen. Dann die Temperatur auf 150 °C reduzieren und 10–15 Minuten weiterbacken.

MEIN TIPP

Am besten schmeckt diese Nusstorte, wenn sie einen Tag ruhen und ziehen konnte.

Vanillebirnen-Tartelettes

MIT MARZIPAN

Wenn man mich fragt, ob ich eher der Birnen- oder Apfeltyp bin, hätte ich bis vor Kurzem noch sehr bestimmt »Apfelapfelapfel!« gerufen. Nachdem ich diese Tartelettes gebacken habe, muss ich das etwas revidieren. Auf Teig sind Birnen ein Traum, und ich habe ihnen wohl viele Jahre lang unrecht getan. Ab jetzt bin ich Apfel- UND Birnentyp.

FÜR 6 TARTELETTES

3 kleine Birnen
Saft von ½ Zitrone
1 Vanilleschote
200 g Zucker
1 Rolle Blätterteig aus dem Kühlregal (nicht TK!)
100 g Marzipanrohmasse, grob geraspelt

AUSSERDEM:

Etwas Puderzucker zum Bestäuben

1. Ofen auf 180 °C Ober- und Unterhitze vorheizen. Ein Backblech mit Backpapier auslegen und beiseitestellen.
2. Birnen schälen (der Stiel darf ruhig dranbleiben, ich finde das sehr hübsch), längs halbieren und sofort etwas Zitronensaft darüberträufeln. Vanilleschote aufschneiden und das Mark auskratzen.
3. In einem Topf 450 ml Wasser, Zucker, Vanillemark und die ausgekratzte Vanilleschote erwärmen, bis sich der Zucker aufgelöst hat. Die Birnen in den Topf geben und ca. 5 Minuten köcheln lassen. Anschließend herausnehmen und abkühlen lassen.
4. Die Birnen dann mit einem kleinen Löffel entkernen. Vorsichtig einschneiden, aber nicht ganz durchschneiden, sodass man sie auffächern kann, sie aber noch am oberen Ende verbunden sind.
5. Blätterteig aus dem Kühlschrank holen und ca. 10 Minuten Zimmertemperatur annehmen lassen. Dann ausrollen und 6 Kreise ausstechen, die etwas größer als die Birnenhälften sind. Die Teigkreise auf das Backblech geben und mit geraspeltem Marzipan bestreuen. Birnenhälften obenauf geben, leicht auffächern (mit der flachen Hand und sanftem Druck klappt das fantastisch) und ca. 20 Minuten im Ofen backen.
6. Dann schnell mit etwas Puderzucker bestäuben und im Ofen (am besten mit der Grillfunktion) 2 Minuten karamellisieren lassen. (Wer einen Küchenbunsenbrenner hat, kann diesen Schritt natürlich auch damit wagen.) Dann aus dem Ofen nehmen.

MEIN TIPP

Am besten mit Ahornsirup, Vanilleeis oder leicht geschlagener Sahne und Zimt toppen und genießen.

Linzer Sternentarte

Ein grandioser Klassiker, den man ausnahmsweise auch mal mit verschiedenen Formen verzieren darf, statt ihn nur mit Teigstreifen zu belegen: Mein persönlicher Sternenhimmel aus Himbeere und Haselnussteig.

FÜR 1 SPRINGFORM (Ø 24 CM)
250 g Mehl
1 Prise Zimt
1 Prise Salz
250 g zimmerwarme Butter
250 g Zucker
250 g gemahlene Haselnüsse
Abrieb von 1 Bio-Zitrone
250 g Himbeermarmelade

♥

AUSSERDEM:
Geschlagene Sahne nach Belieben

1. Mehl, Zimt und Salz in einer Schüssel mischen, dann beiseitestellen.
2. In einer anderen Schüssel Butter und Zucker schaumig schlagen, dann gemahlene Haselnüsse und Zitronenabrieb zufügen.
3. Die Mehlmischung zugeben und alles nur so lange verkneten, bis der Teig gerade eben zusammenhält.
4. Diesen dann leicht flach drücken, in Frischhaltefolie wickeln und für 1 Stunde in den Kühlschrank geben.
5. Den Ofen auf 175 °C Ober- und Unterhitze vorheizen.
6. Ca. zwei Drittel des Teiges ausrollen und in eine Springform geben, dabei einen Rand formen.
7. Dann gleichmäßig die Himbeermarmelade einfüllen. Den restlichen Teig ebenfalls ausrollen und daraus verschiedene Formen nach Belieben ausstechen. Diese Teigformen auf die Himbeermarmelade geben und die Tarte ca. 40 Minuten im Ofen backen.
8. Abkühlen lassen und mit einem Klecks Sahne genießen.

Tarte Tatin

MIT APRIKOSEN UND ROSMARIN

Ein französischer Klassiker, der angeblich zufällig im 19. Jahrhundert entstand, als die Schwestern Tatin aus der Sologne einen Apfelkuchen backen wollten und ihnen dabei ein kleines Missgeschick passierte: Der Apfelkuchen verrutschte, lag falsch herum in der Form und wurde einfach so gebacken. Seitdem gibt es diese »Tarte du chef« oder »Tarte des demoiselles Tatin«, wie sie auch genannt wird, häufiger, und das nicht nur in Frankreich. Ein Hoch auf dieses Missgeschick, sonst würden wir vielleicht heute noch ohne diese leckeren umgekehrten karamellisierten Tartes leben.

FÜR 1 TARTE

120 g Zucker
20 g Butter
2 Zweige Rosmarin
6–8 Aprikosenhälften (Dose), sehr gut abgetropft
1 Rolle Blätterteig aus dem Kühlregal (nicht TK!)

AUSSERDEM

Crème fraîche, geschlagene Sahne oder Vanilleeis nach Belieben

1. Den Ofen auf 250 °C Ober- und Unterhitze vorheizen.
2. Zucker in einer mittelgroßen, ofenfesten Pfanne ca. 4 Minuten auf dem Herd bei mittlerer Hitze karamellisieren lassen.
3. Butter und Rosmarin zufügen, dann die Aprikosen mit der Schnittkante nach oben in die Pfanne setzen. Die Pfanne dann direkt vom Herd ziehen.
4. Den Blätterteig kreisrund ausschneiden, der Durchmesser sollte etwas größer sein als die Pfanne. Den Teig nun auf die Aprikosen legen und am Rand mithilfe eines Messers unter die Früchte schieben. Dabei schön vorsichtig sein, karamellisierter Zucker ist sehr heiß!
5. Die Pfanne nun in den Ofen geben und die Tarte 15–20 Minuten backen. Anschließend kurz ruhen lassen und dann vorsichtig auf einen großen Teller stürzen.
6. Mit Crème fraîche, Sahne oder Vanilleeis servieren.

Schokoladencreme-
HASELNUSS-TARTE

Zugegeben, Schokoladenaufstrich darf in unserem Haushalt niemals ausgehen. Selbst mein Mann und mein Sohn (in dieser Reihenfolge) achten beim Einkaufen darauf, dass immer ein Reserveglas eingepackt wird. Hier nun die Folge des Backeinsatzes dieser Creme: eine wunderbar nussige wie cremige Tarte.

FÜR 1 TARTEFORM (Ø 24 CM)

FÜR DEN TE G:
200 g Mehl
1 Prise Salz
1 TL Zucker
100 g sehr kalte Butter in Stücken
80 ml eiskaltes Wasser

FÜR DIE FÜLLUNG:
2 EL Speisestärke
470 ml Sahne
140 g Schokoladenaufstrich
1 Msp. Salz
1 Prise Zimt
100 g Haselnüsse, grob gehackt

AUSSERDEM:
Backerbsen zum Blindbacken

1. Für den Teig Mehl, Salz und Zucker mischen. Die Butter zugeben und alles rasch vermengen, bis eine krümelige Mischung entsteht.
2. Das Wasser zufügen und alles (wieder zügig) zu einem Teig verarbeiten. Falls er zu trocken ist, esslöffelweise weiteres Wasser zugeben, bis er zusammenhält.
3. Den Teig in Frischhaltefolie wickeln und für mindestens ½ Stunde kalt stellen.
4. Den Ofen auf 175 °C Ober- und Unterhitze vorheizen.
5. Den Teig aus dem Kühlschrank nehmen, in eine Tarteform mit herausnehmbarem Boden geben, überschüssige Ränder entfernen und den Boden mit einer Gabel einstechen. Mit Backpapier bedecken und mit Backerbsen auffüllen. Ca. 20 Minuten im Ofen blindbacken und anschließend auskühlen lassen. Erbsen und Backpapier entfernen.
6. Für die Füllung Stärke mit 60 ml Sahne verrühren. Den Rest der Sahne mit Schokoladenaufstrich, Salz und Zimt in einem Topf erhitzen und gut verrühren. Dann die Stärkemischung zufügen. Zum Kochen bringen und unter Rühren eindicken lassen, bis sich eine puddingartige Konsistenz ergibt. Anschließend abkühlen lassen.
7. Die Füllung auf dem Boden der Tarte verteilen und diese bei 150 °C Ober- und Unterhitze 25–30 Minuten im Ofen backen. Dann abkühlen lassen und für ca. 4 Stunden in den Kühlschrank stellen. Mit Haselnüssen bestreuen und servieren.

Bananen-Tartelettes

MIT DULCE DE LECHE

Selbst gemachte Dulce de Leche kann nicht nur Kekse miteinander verbinden (s. S. 104). Sie dient in diesem Fall auch als weiches, süßes Bett für Bananen, die sich gemeinsam mit Schlagsahne kleine Tartelettes als Nest suchen und zu einem grandiosen Tarte-Team werden.

FÜR 6 KLEINE TARTELETTES-FÖRMCHEN ODER 1 TARTEFORM (Ø 23 CM)

FÜR DEN TEIG:
200 g Mehl
1 Prise Salz
1 TL Zucker
100 g sehr kalte Butter in Stücken
80 ml eiskaltes Wasser

FÜR DIE FÜLLUNG:
1 Dose gezuckerte Kondensmilch (à 400 g)
3 Bananen, geschält und in Scheiben geschnitten
200 ml Sahne

AUSSERDEM:
Kakaopulver oder Zimt zum Garnieren

1. Mehl, Salz und Zucker mischen. Die Butter in Stücken zugeben und alles rasch vermengen, bis eine krümelige Mischung entsteht.
2. Das Wasser zufügen und alles (wieder zügig) zu einem Teig verkneten. Falls er zu trocken ist, esslöffelweise weiteres Wasser zugeben, bis er zusammenhält.
3. Den Teig in Frischhaltefolie wickeln und für mindestens ½ Stunde kalt stellen.
4. Ofen auf 190 °C Ober- und Unterhitze vorheizen. Den Teig dünn ausrollen und in 6 Tartelette-Förmchen geben. Die Böden mehrmals mit einer Gabel einstechen und 15–20 Minuten im Ofen backen. Dann abkühlen lassen.
5. Für die Füllung den Ofen auf 220 °C Ober- und Unterhitze vorheizen. Kondensmilch in eine Auflaufform geben und mit Alufolie bedecken. Diese dann in eine noch größere Auflaufform stellen, 2 cm hoch kochendes Wasser angießen und alles für 1½ Stunden in den Ofen geben. Anschließend die abgekühlte Milchcreme auf den vorbereiteten Tartelettes verteilen.
6. Bananenscheiben auf das Karamell legen. Sahne steif schlagen und auf die Bananenscheiben spritzen. Die Tartelettes nach Belieben mit Kakao oder Zimt bestäuben.

Apple Pie

MIT CRANBERRYS

Die Äpfel in diesem Pie karamellisieren so schön im Ofen, und gemeinsam mit den Cranberrys ergibt sich ein wundervolles Geschmackserlebnis. Wer noch etwas Vanilleeis im Gefrierschrank hat und bisher nicht wusste, was er damit machen soll: hier das Rezept für den perfekten Vanilleeisbegleiter.

FÜR 1 TARTEFORM
(Ø 24 CM)

FÜR DEN TEIG:
200 g Mehl
1 Prise Salz
1 TL Zucker
100 g sehr kalte Butter
80 ml eiskaltes Wasser

FÜR DIE FÜLLUNG:
150 g brauner Zucker
3 EL Mehl
1 Prise Zimt
1 Prise Salz
4 Äpfel, geschält, entkernt und in dünne Spalten geschnitten
1 Handvoll frische Cranberrys
1 EL Butter

AUSSERDEM:
Brauner Zucker zum Bestreuen

1. Für den Teig Mehl, Salz und Zucker mischen. Die Butter in Stücken zugeben und alles rasch vermengen, bis eine krümelige Mischung entsteht.
2. Das Wasser zufügen und alles (wieder zügig) zu einem Teig verkneten. Falls er zu trocken ist, esslöffelweise weiteres Wasser zugeben, bis er zusammenhält.
3. Den Teig in Frischhaltefolie wickeln und für mindestens ½ Stunde kalt stellen.
4. Währenddessen für die Füllung Zucker, Mehl, Zimt und Salz mischen. Die Äpfel und Cranberrys zugeben und alles gut vermengen, bis die Äpfel mit der Zuckermischung überzogen sind.
5. Den Ofen auf 200 °C Ober- und Unterhitze vorheizen.
6. Den Teig aus dem Kühlschrank holen und mithilfe eines Nudelholzes kreisrund und etwas größer als die Tarteform ausrollen.
7. Den Teig vorsichtig in die Form legen, die Apfelstücke einschichten, die Butter in Flöckchen daraufgeben und nach Belieben mit braunem Zucker bestreuen.
8. Den überlappenden Teig über die Äpfel klappen und den Pie 40–50 Minuten im Ofen backen.

Ricotta-Orangen-Pie

Lust auf Sommer? Hier ist ein Stück der sonnigen Jahreszeit im Pie-Format. Um die Frische zu erhalten, bitte den Kühlschrank nicht vergessen. Man muss also geduldig sein, denn nach dem Backen folgt erst die Abkühlung, damit dieser herrlich leichte, dezent süße Ricotta-Orangen-Pie seinen vollen Geschmack entfalten kann.

FÜR 1 TARTEFORM MIT HERAUSNEHMBAREM BODEN (Ø 23 CM)

FÜR DEN TEIG:
200 g Mehl
1 Prise Salz
½ TL Zucker
105 g sehr kalte Butter in Stücken
80 ml eiskaltes Wasser

FÜR DIE FÜLLUNG:
210 g Ricotta
100 g Zucker
½ EL Mehl
½ EL Abrieb von 1 Bio-Orange
2 Eier

AUSSERDEM:
Puderzucker zum Garnieren

1. Für den Teig Mehl, Salz und Zucker mischen. Butter zugeben und alles zügig krümelig kneten. Das Wasser zufügen und den Teig zu einer Kugel formen. Für mindestens ½ Stunde kalt stellen.
2. Dann den Teig aus dem Kühlschrank holen, dünn ausrollen und die Tarteform damit auslegen. Die Ränder abschneiden, den Boden mehrmals mit einer Gabel einstechen und erneut in den Kühlschrank stellen.
3. Den Ofen auf 175 °C Ober- und Unterhitze vorheizen.
4. Für die Füllung Ricotta, Zucker, Mehl und Orangenabrieb in einer Schüssel mit dem Handrührgerät mischen, dann beiseitestellen. Die Eier 5 Minuten schaumig schlagen und anschließend gut mit der Ricottamischung vermengen. Die Form aus dem Kühlschrank nehmen und die Füllung gleichmäßig auf dem Teig verteilen. Dann den Pie ca. 45 Minuten im Ofen backen (ohne die Ofentür zwischendurch zu öffnen, auch wenn die Neugierde groß ist und Geduld schwerfällt, sobald dieser Duft durch die Küche zieht).
5. Auskühlen lassen, dann in den Kühlschrank geben und kurz vor dem Verzehr nicht zu zimperlich mit Puderzucker garnieren.

Ahornsirup-Pekan-Pie

Normalerweise landet der Ahornsirup bei uns auf einem Stapel leckerer Pancakes. Und das ist dann ausnahmsweise einmal das Werk meines Mannes. Diese kreisrunden Frühstückswunder kann er einfach besser. Dieses Mal aber habe ich den Ahornsirup entführt und einem wundervollen Pekan-Pie damit seine nordamerikanische Note gegeben. Ein kleiner Indian Summer für die Küche!

FÜR 1 TARTEFORM
(Ø 24 ODER 26 CM)

♥

FÜR DEN TEIG:
200 g Mehl
1 Prise Salz
½ TL Zucker
7 EL sehr kalte Butter in Stücken
80 ml eiskaltes Wasser

♥

FÜR DIE FÜLLUNG:
3 Eier
110 g Zucker
240 ml Ahornsirup
3 EL Butter, zerlassen
1 Msp. Salz
150 g Pekannuss-Hälften

♥

AUSSERDEM:
Mehl für die Arbeitsfläche

1. Für den Pie-Teig Mehl, Salz und Zucker mischen. Die Butter zufügen und mit den Händen krümelig reiben. Dann das Wasser zugeben und alles zu einem glatten Teig verarbeiten. Diesen leicht flach drücken und für mindestens ½ Stunde kalt stellen.
2. Dann den Teig auf der bemehlten Arbeitsfläche ausrollen und in eine Tarteform geben. Die überstehenden Ränder abschneiden. Die Form in den Kühlschrank stellen.
3. Den Ofen auf 190 °C Ober- und Unterhitze vorheizen.
4. Währenddessen für die Füllung Eier und Zucker in einer Schüssel schaumig schlagen. Ahornsirup, Butter, Salz und Pekannuss-Hälften zufügen und gut vermengen.
5. Die Tarteform aus dem Kühlschrank nehmen und die Füllung gleichmäßig auf dem Teigboden verteilen. Dann ca. 45 Minuten im Ofen backen.

Blaubeer-Pie

Dieser schlichte Blaubeer-Pie ist ein Obstkuchen, der für mich nach Sommer riecht und schmeckt. Ich liebe die frischen Blaubeeren, die während des Backens so schön blubbern und sich zusammen mit der zuckrigen Teigkruste purpur einfärben.

FÜR 1 RECHTECKIGE TARTEFORM (35 X 11 CM, AM BESTEN MIT HERAUSNEHMBAREM BODEN)

♥

FÜR DEN TEIG:
315 g Mehl
1 Prise Salz
1 TL Zucker
190 g sehr kalte Butter in Stücken
125 ml eiskaltes Wasser

♥

FÜR DIE FÜLLUNG:
500 g Blaubeeren
(frisch oder TK, nicht aufgetaut)
150 g Zucker
3 EL Speisestärke
1 Prise Zimt
Abrieb von 1 Bio-Zitrone
1 EL Zitronensaft
1 Ei, verquirlt
Etwas brauner Zucker

1. Mehl, Salz und Zucker mischen. Die Butter zugeben und alles rasch vermengen, bis eine krümelige Mischung entsteht.
2. Das Wasser zufügen und alles (wieder zügig) zu einem Teig verarbeiten. Falls er zu trocken ist, esslöffelweise weiteres Wasser zugeben, bis er zusammenhält.
3. Den Teig in zwei gleiche Stücke teilen und diese leicht flach drücken. In Frischhaltefolie wickeln und für mindestens ½ Stunde kalt stellen.
4. Anschließend eine Teigportion dünn ausrollen und in die Tarteform geben, überschüssige Ränder abschneiden. Den Boden mit einer Gabel einstechen und die Form in den Kühlschrank stellen.
5. Den Ofen auf 190 °C Ober- und Unterhitze vorheizen.
6. Währenddessen für die Füllung die Blaubeeren mit Zucker, Stärke, Zimt, Zitronenabrieb sowie Zitronensaft mischen und 10 Minuten ziehen lassen. Dann die vorbereitete Form aus dem Kühlschrank holen und die Blaubeermischung einfüllen. Danach erneut kalt stellen.
7. In der Zwischenzeit die zweite Teigportion ausrollen und mit einem kleinen Ausstecher nach Belieben verschiedene Formen ausstechen. Den Teig dann vorsichtig auf die Blaubeerfüllung legen und die Ränder abschneiden.
8. Den Pie nun mit dem Ei bestreichen, mit braunem Zucker bestreuen und 50–60 Minuten im Ofen backen. Dann 1 Stunde lang abkühlen lassen und anschließend genießen.

Erdbeer-Pie

MIT CRÈME FRAÎCHE

Ein Pie, für den man dem Ofen einen Tag Urlaub gönnen darf. Denn der frische Erdbeertraum bereitet sich lieber im Kühlschrank auf seinen großen Auftritt vor.

FÜR 1 TARTE- ODER SPRINGFORM (Ø 20 cm)
200 g Vollkornbutterkekse
100 g Butter, zerlassen
300 g Frischkäse (Doppelrahmstufe)
250 g Crème fraîche
25 g Zucker
400 g reife Erdbeeren, geputzt und in kleine Stücke geschnitten

♥

AUSSERDEM:
100 ml Sahne
Ein paar superhübsche Erdbeeren zum Dekorieren

1. Die Kekse fein mahlen und in einer Schüssel mit der zerlassenen Butter mischen. Die Mischung dann auf den Boden der Spring- oder Tarteform geben und fest andrücken. Die Form anschließend in den Kühlschrank stellen.
2. Währenddessen in einer Schüssel den Frischkäse und die Crème fraîche gut verrühren. Dann den Zucker zugeben und alles miteinander vermengen.
3. Die Erdbeeren vorsichtig unterheben und die Form aus dem Kühlschrank nehmen. Die Käsemasse dann gleichmäßig auf dem Boden verteilen.
4. Den Erdbeer-Pie über Nacht erneut in den Kühlschrank stellen. Am nächsten Tag vor dem Servieren mit geschlagener Sahne und Erdbeeren garnieren.

Rhabarber-Pie

Es sieht so kompliziert aus, ist aber in Wirklichkeit supereinfach. Durch das Gitter gibt dieser Pie sein Geheimnis erst mit dem ersten Biss preis, wenn eine traumhafte süß-saure Rhabarber-Orangen-Füllung auf der Zunge kitzelt.

FÜR 1 TARTEFORM (Ø 23 CM)

♥

FÜR DEN TEIG:

315 g Mehl
1 Prise Salz
1 TL Zucker
190 g sehr kalte Butter in Stücken
125 ml eiskaltes Wasser

♥

FÜR DIE FÜLLUNG:

750 g Rhabarber, geputzt und gewürfelt
300 g Zucker
3 EL Speisestärke
Saft und Abrieb von 1 Bio-Orange
1 Eigelb, leicht verquirlt
1 EL brauner Zucker

♥

AUSSERDEM:

Etwas Mehl für die Arbeitsfläche

1. Mehl, Salz und Zucker mischen. Die Butter zugeben und alles rasch vermengen, bis eine krümelige Mischung entsteht.
2. Das Wasser zufügen und alles (wieder zügig) zu einem Teig verkneten. Falls er zu trocken ist, esslöffelweise weiteres Wasser zugeben, bis er zusammenhält.
3. Den Teig in zwei gleich große Stücke teilen und diese leicht flach drücken. In Frischhaltefolie wickeln und für mindestens ½ Stunde kalt stellen.
4. Anschließend eine Hälfte des Teiges aus dem Kühlschrank holen, auf der leicht bemehlten Arbeitsfläche ausrollen und die Form damit auslegen. Dabei den Teig leicht über den Rand ragen lassen.
5. Für die Füllung Rhabarber, Zucker, Stärke sowie Orangensaft und -abrieb in einer Schüssel mischen und in die Tarteform füllen.
6. Den Ofen auf 220 °C Ober- und Unterhitze vorheizen.
7. Den restlichen Teig etwas größer als die Form ausrollen und mit einem Pizzaroller in 12 Streifen schneiden. Diese Teigstreifen nun wie ein Gitter auf den Pie flechten (s. S. 106). Die Ränder dabei unter den Pieboden klemmen.
8. Den Pie mit dem verquirlten Eigelb bestreichen und mit braunem Zucker bestreuen. Ca. 1 Stunde im Ofen backen. Vor dem Servieren abkühlen lassen.

Birnen-Tarte-Tatin

MIT CRÈME FRAÎCHE

Seit ich meinen Birnenfrieden geschlossen habe und sie zum Backen des Öfteren einsetze, kommt auch die Tarte-Tatin-Version häufiger aus meinem Ofen geschlüpft. Bitte sprecht mir nach: »Ich habe eine TART TATÄÄÄ O POAAR gemacht.« Klingt schön, oder? Da fühlt man sich doch gleich der kleinen Französin in sich etwas näher. Und dieser Genuss erst …

FÜR 1 TARTE-TATIN-FORM ODER OFENFESTE PFANNE (Ø CA. 30 CM)

3 kleine Birnen
Etwas Zitronensaft
150 g Zucker
3 EL Butter in Flöckchen
1 Rolle Blätterteig aus dem Kühlregal (nicht TK!)

♥

AUSSERDEM:

200 g Crème fraîche zum Servieren

1. Den Ofen auf 200 °C Ober- und Unterhitze vorheizen.
2. Die Birnen schälen, vierteln und entkernen. Sofort mit dem Zitronensaft und 50 g Zucker in einer Schüssel mischen und beiseitestellen.
3. Den restlichen Zucker in eine kleine, ofenfeste Pfanne oder eine spezielle Tarte-Tatin-Form geben und auf dem Herd bei mittlerer Hitze unter Rühren karamellisieren lassen. Ist der Zucker flüssig, die Birnenviertel mit der runden Seite nach unten fächer- oder sternförmig vorsichtig auf das Karamell legen. Die Butter auf die Birnen geben und alles ca. 5 Minuten weiterköcheln lassen.
4. Aus dem Blätterteig einen Kreis ausschneiden, der etwas größer ist als der Pfannendurchmesser. Den Blätterteig nun auf die Birnen geben und mit einem Messer die Ränder des Teiges nach unten stülpen, sodass der Teig die Birnen gut umhüllt. In die Mitte des Teiges noch ein kleines Kreuz einschneiden, damit die Hitze entweichen kann. Dann ab in den Ofen und ½ Stunde backen.
5. Anschließend die Tarte aus dem Ofen nehmen und 5 Minuten ruhen lassen, dann vorsichtig stürzen. Dafür am besten einen Teller auf die Pfanne legen, diese mit schnellem Handgriff wenden und dabei aufpassen, dass einem keine heiße Karamellsauce über die Finger läuft.
6. Voilà, die Tarte kann nun mit Crème fraîche serviert werden.

MEIN TIPP

Auch Sahne oder Eis schmecken zu dieser Tarte.

Mandeltarte

MIT FRISCHKÄSECREME, NEKTARINEN UND BEEREN

Besonders hübsch an dieser Tarte: Sie ist so schön bunt. Und wer mag, kann es noch viel bunter treiben. Kirschen, Pflaumen, Aprikosen ... Alles, was euer Garten oder der Wochenmarkt hergibt, darf diese Tarte zieren.

FÜR 1 RECHTECKIGE TARTEFORM (35 X 11 CM, AM BESTEN MIT HERAUS-NEHMBAREM BODEN)

♥

FÜR DEN TEIG:
200 g Mehl
25 g gemahlene Mandeln
80 g Puderzucker
1 Msp. Salz
120 g sehr kalte Butter in Stücken
1 Ei

♥

FÜR DIE FÜLLUNG:
150 g Frischkäse
120 g Crème fraîche
4 EL Puderzucker
3 Nektarinen, geputzt und in Spalten geschnitten
Beeren nach Belieben (oder Kirschen, Pflaumen, Aprikosen etc.)

♥

AUSSERDEM:
Etwas Mehl für die Arbeitsfläche
Etwas Butter für die Form

1. Für den Teig Mehl, Mandeln, Puderzucker und Salz mischen. Die Butter zufügen und mit den Händen krümelig reiben.
2. Dann das Ei zugeben und alles rasch zu einem glatten Teig verarbeiten. Diesen zu einer Kugel formen, in Frischhaltefolie wickeln und für 1 Stunde kalt stellen.
3. Anschließend den Teig aus dem Kühlschrank nehmen und auf der mit Mehl bestäubten Arbeitsfläche etwas größer als die Tarteform ausrollen. In die leicht gebutterte Form geben, andrücken und überschüssige Teigränder entfernen. Die Form samt Teig dann für eine weitere ½ Stunde in den Kühlschrank stellen.
4. Währenddessen den Ofen auf 190 °C Ober- und Unterhitze vorheizen.
5. Den Teigboden mehrmals mit einer Gabel einstechen und 15–20 Minuten im Ofen backen. Dann vollständig auskühlen lassen.
6. Inzwischen mit dem Handrührgerät aus Frischkäse, Crème fraîche und Puderzucker eine cremige Füllung mischen und diese für 1 Stunde kalt stellen.
7. Die Füllung dann auf den Boden geben, Nektarinenspalten und Beeren darauf verteilen und die Tarte sofort genießen.

IM
Schokoladenhimmel

Kakaobohnen sind wohl meine Lieblingsbohnen. Ein Hoch auf die Maya, die sie kultivierten, und die Seeleute, die dieses braune Gold mit nach Europa brachten. Denn es lässt uns auf so viele verschiedene Arten dahinschmelzen: in Schokolade gedipptes Obst, schokoladenübergossene Kuchen, Tartes mit Schokolade, Kekse, die durch Schokolade miteinander verbunden werden. Ein echter Glücklichmacher, von dem ich für alle Fälle immer etwas im Vorratsschrank habe.

Schokotarte
MIT BAISER

Gewissermaßen der Wolf im Schoko-Schafspelz. Denkt man beim ersten Anblick des Baisers noch an watteweiche Wolken, entdeckt man das schokoladige Geheimnis erst, nachdem die Gabel in das Schokoladenmeer getaucht ist – mindestens genauso himmlisch!

FÜR 1 TARTEFORM MIT HERAUSNEHMBAREM BODEN (Ø 23 CM)

FÜR DEN TEIG:
125 g Mehl
1 Prise Salz
40 g ungesüßtes hochwertiges Kakaopulver
115 g zimmerwarme Butter
60 g Zucker
1 Ei
3 EL Sahne

FÜR DIE FÜLLUNG:
4 EL Schokoladenaufstrich
180 g Vollmilchschokolade, fein gehackt
80 g Crème double

FÜR DAS BAISER:
4 Eiweiß
225 g feiner Zucker

1. Für den Teig Mehl, Salz und Kakao in einer Schüssel mischen. In einer anderen Schüssel Butter und Zucker cremig rühren, dann das Ei zugeben. Mehlmischung und Sahne nun abwechselnd zufügen und alles zu einem glatten Teig verarbeiten. Diesen leicht flach drücken und in Frischhaltefolie wickeln. Für mindestens 1 Stunde in den Kühlschrank geben.
2. Ofen auf 175 °C Ober- und Unterhitze vorheizen.
3. Den Teig ausrollen und in die Tarteform geben. Den Boden mehrmals mit einer Gabel einstechen und ca. 20 Minuten im Ofen backen. Dann gut auskühlen lassen und mit Schokoladenaufstrich bestreichen.
4. Schokolade mit Crème double im Wasserbad schmelzen und dann ca. 5 Minuten abkühlen lassen. Auf dem Tarteboden verteilen und für ca. 2 Stunden im Kühlschrank fest werden lassen.
5. Kurz vor dem Servieren die Eiweiße mit dem Zucker sehr steif schlagen und dann auf den Kuchen streichen. Dabei darauf achten, dass die ganze Schokoladenfläche mit Eiweiß bedeckt ist. Unter dem heißen Backofengrill für ca. 5 Minuten bräunen lassen. Anschließend servieren und genießen.

Brownies

MIT ROTWEIN-GANACHE

Hier ein weiterer All-time-Favorite meiner beiden Männer – für den Kleineren in der alkoholfreien Variante, der Ältere hingegen mag die Brownies angereichert mit einem guten Rotwein in der Ganache.

FÜR EINE ECKIGE BACKFORM (23 X 33 CM)

FÜR DEN TEIG:
150 g Mehl
1 TL Salz
2 EL ungesüßtes hochwertiges Kakaopulver
300 g Zartbitterschokolade, grob gehackt
230 g Butter in Stücken
350 g weißer Zucker
125 g brauner Zucker
5 Eier
100 g Walnusskerne, gehackt

FÜR DIE GANACHE:
230 g Zartbitterschokolade, grob gehackt
180 ml Sahne
30 g Butter
1 EL Rotwein

AUSSERDEM:
Butter für die Form

1. Ofen auf 175 °C Ober- und Unterhitze vorheizen. Die Backform buttern und den Boden mit Backpapier auslegen.
2. Für den Teig Mehl, Salz und Kakao in einer Schüssel mischen, dann beiseitestellen.
3. Die Schokolade mit der Butter im Wasserbad schmelzen. Dann vom Herd ziehen, die beiden Zuckersorten zufügen und abkühlen lassen.
4. 3 Eier zur Schokoladenmischung geben und vorsichtig unterrühren. Dann die restlichen Eier zufügen und alles zu einer homogenen Masse vermischen. Auf keinen Fall zu viel rühren, sonst werden die Brownies steinhart.
5. Mehlmischung über die Schokolade sieben und unterheben. Nicht mixen oder schlagen. Nur so lange unterheben, bis keine Mehlhäufchen mehr zu sehen sind. Nüsse ebenfalls nur kurz unterheben. Dann den Teig gleichmäßig in die Form füllen.
6. Die Brownies ½ Stunde im Ofen backen und anschließend abkühlen lassen. Sie sind dann vielleicht noch ein bisschen weich, aber das ist auch gut so. Typische Brownie-Konsistenz.
7. Für die Ganache die Schokolade in eine Glasschüssel geben. Sahne und Butter in einem kleinen Topf bei mittlerer Hitze bis zum Köcheln erwärmen und sofort über die Schokolade gießen. Kurz ruhen lassen, dann ganz vorsichtig rühren, damit keine Luft in die Ganache kommt. Den Rotwein untermischen und die Masse auf die Brownies streichen. Ist die Ganache fest genug, die Brownies in die gewünschte Größe stückeln.

Schokoladentrüffel-Tarte

MIT HIMBEEREN

Diese samtig-weiche Schokoladensünde ist vielleicht mehr Nachtisch als Kuchen. Sie wird nicht gebacken und gleitet so geschmeidig von der Gabel in den Mund. Ich liebe dazu besonders frische Früchte.

FÜR 1 KLEINE SPRINGFORM (Ø 16 CM)
250 g hochwertige Zartbitterschokolade, grob gehackt
250 ml Sahne
1 Prise Zimt
Kakaopulver zum Bestäuben
250 g Himbeeren (oder andere Beeren)

1. Die Springform mit Backpapier auslegen.
2. Die Schokolade über dem heißen Wasserbad schmelzen. Die Sahne in einem Topf erhitzen, dann vom Herd ziehen. Schokolade und Zimt zur Sahne geben. Dabei so lange rühren, bis eine geschmeidige Masse entsteht.
3. Die Schokoladenmischung in die Springform füllen und für mindestens 4 Stunden kalt stellen.
4. Vor dem Servieren mit Kakao bestäuben und mit frischen Beeren garnieren.

Kakao-Cantuccini

MIT PISTAZIEN

Die Pistazie ist ein Laubbaum, der bis zu 12 Meter hoch und bis zu 300 Jahre alt werden kann. Stimmt bestimmt. Die Pistazie ist aber vor allen Dingen eine wundervolle Zutat und gibt diesen Cantuccini das gewisse knackige Etwas.

FÜR CA. 48 STÜCK

300 g Mehl
1 TL Backpulver
30 g ungesüßtes hochwertiges Kakaopulver
175 ml Pflanzenöl
3 Eier
225 g Zucker
70 g geschälte, ungesalzene Pistazien

1. Mehl, Backpulver und Kakao mischen, in eine Schüssel sieben und beiseitestellen.
2. In einer anderen Schüssel Öl und Eier vermischen, dann den Zucker zufügen. Die Mehlmischung bei niedriger Mixgeschwindigkeit nach und nach zufügen, bis der Teig eine homogene Masse ist. Dann die Pistazien unterheben.
3. Den Teig mit Frischhaltefolie abdecken und für mindestens 1 Stunde kalt stellen.
4. Den Ofen auf 175 °C Ober- und Unterhitze vorheizen. Ein Backblech mit Backpapier auslegen.
5. Den Teig in zwei Stücke teilen und diese auf dem Backpapier jeweils zu einer 30 cm langen Rolle formen. Die Teigrollen leicht flach drücken, sodass sie 8–9 cm breit sind. 25 Minuten im Ofen backen.
6. Dann das Backblech aus dem Ofen nehmen und die Temperatur auf 150 °C reduzieren.
7. Die Rollen gut auskühlen lassen und dann vorsichtig in ca. 1½ cm dicke Scheiben schneiden. Diese dann flach nebeneinander auf das Backblech legen und erneut 15 Minuten backen.

MEIN TIPP

Wer mag, übergießt die fertigen Cantuccini anschließend mit flüssiger Schokolade.

Weiße Schokoladen-Blondies

MIT WALNÜSSEN

Weiße Brownies nennt man treffenderweise Blondies. Hier treffen die Blondinen unter den Brownies auf knackige Walnüsse und erfreuen jeden Freund der weißen Schokolade.

FÜR 1 QUADRATISCHE BACKFORM (20 X 20 CM)

150 g weiße Schokolade, grob gehackt
150 g Butter
150 g Zucker
2 Eier
1 Prise Salz
200 g Mehl
2 Handvoll Walnusskerne, gehackt

♥

AUSSERDEM:

Butter für die Form

1. Ofen auf 180 °C Ober- und Unterhitze vorheizen. Die Backform buttern und mit Backpapier auslegen.
2. Schokolade und Butter über dem heißen Wasserbad schmelzen. Dann kurz abkühlen lassen.
3. In der Zwischenzeit Zucker, Eier und Salz in einer Schüssel mit dem Handrührgerät schaumig schlagen. Dann die Schokoladenmischung zufügen.
4. Das Mehl darübersieben und gut untermischen. Anschließend die Walnüsse unterheben.
5. Den Teig nun in die vorbereitete Form füllen und ca. ½ Stunde im Ofen backen. Anschließend abkühlen lassen und die Blondies in Stücke schneiden.

Apfel-Schokoladen-KUCHEN

Wir lieben Äpfel, und immer wenn unser kleiner, alter knorziger Apfelbaum im Herbst frische Früchte für uns bereithält, gibt es Apfelpfannkuchen, Apfelmus, Apple Crumble und allerlei Apfelkuchen. Um apfelbezogene Abwechslung auf unseren Speiseplan (und in meinen Ofen) zu bringen, kreierte ich einen Apfel-Schokoladen-Kuchen. Ich lehne mich jetzt mal seeeehr weit aus dem Fenster und teile mit: Dies ist mein neuer Lieblingsapfel- UND Lieblings-Schokoladenkuchen.

FÜR 1 SPRINGFORM (Ø 20 CM)
3 kleine Äpfel
Etwas Zitronensaft
250 g Zartbitterschokolade, grob gehackt
160 ml Sahne
3 Eier, getrennt
4 EL Speisestärke
3 EL Honig oder Ahornsirup
3 EL gehobelte Haselnüsse (oder Mandeln, Walnüsse etc. ...)
1 EL brauner Zucker

AUSSERDEM:
Butter für die Form

1. Ofen auf 190 °C Ober- und Unterhitze vorheizen. Die Springform mit Backpapier auslegen und den Rand leicht buttern.
2. Die Äpfel schälen, vom Kerngehäuse befreien, würfeln und mit etwas Zitronensaft beträufeln, dann beiseitestellen.
3. Die gehackte Schokolade in eine Schüssel geben. Die Sahne in einem Topf aufkochen und sofort über die Schokolade gießen. Kurz ruhen lassen und dann so lange umrühren, bis sich eine sündig-cremige, schokoladige Masse ergibt.
4. Nach und nach die Eigelbe unterrühren. Dabei immer erst das nächste Eigelb zufügen, wenn das vorige vollständig eingerührt ist. Die Speisestärke ebenfalls unterrühren.
5. Eiweiße steif schlagen und dabei den Honig (oder Ahornsirup) einrühren. Ein Drittel des steifen Eiweißes zum Schokoladenteig geben und gut vermischen. Dann den Rest des Eiweißes vorsichtig und gleichmäßig unterheben.
6. Den Teig in die Form füllen, glatt streichen und mit den Äpfeln bedecken. Mit gehobelten Haselnüssen (oder anderen Nüssen) und braunem Zucker bestreuen.
7. Den Kuchen 35–40 Minuten im Ofen backen. Anschließend soll er noch leicht feucht sein wie ein Brownie, also nicht zu lange backen.
8. Etwas abkühlen lassen und dann aus der Form nehmen.

Red Velvet Cake

Die rote Farbe im Kuchen entstand ursprünglich durch die Reaktion des Kakaopulvers mit Buttermilch. Heute hilft man mit Lebensmittelfarbe etwas nach, um dieses Märchen im Kuchenformat auf den Tisch zu zaubern.

FÜR 3 SPRINGFORMEN (Ø 20 CM)

FÜR DEN TEIG:

250 g zimmerwarme Butter
660 g Zucker
6 Eier
30 ml rote flüssige Lebensmittelfarbe
3 EL ungesüßtes hochwertiges Kakaopulver
375 g Mehl
250 ml Buttermilch
½ TL Salz
1 TL Natron
1 EL Weißweinessig

FÜR DAS FROSTING:

50 g zimmerwarme Butter
100 g zimmerwarmer Frischkäse
250 g Puderzucker, plus ggf. etwas mehr

AUSSERDEM:

Butter und Mehl für die Formen

1. Ofen auf 170 °C Ober- und Unterhitze vorheizen. Die Springformen buttern und mit Mehl ausstäuben. Die Böden mit Backpapier auslegen.
2. Butter und Zucker in einer Schüssel mit dem Handrührgerät schaumig schlagen. Die Eier nach und nach zufügen.
3. Die Lebensmittelfarbe mit dem Kakao cremig rühren und ebenfalls zum Teig geben.
4. Das Mehl nun abwechselnd mit der Buttermilch zufügen, dann das Salz zugeben.
5. Natron mit Essig mischen und ebenfalls mit dem Teig vermengen. Den Teig nun gleichmäßig auf die drei Formen verteilen und ca. 25 Minuten im Ofen backen. Gut auskühlen lassen, dann die Böden aus den Formen nehmen.
6. Für das Frosting Butter und Frischkäse cremig rühren. Den Puderzucker zufügen und alles zu einer streichfähigen Masse vermengen. Dafür muss man etwas länger mixen, nicht aufgeben, das wird! Ist die Mischung nach langem Mixen immer noch zu fest, einfach etwas Milch zufügen. Sollte sie zu flüssig erscheinen, mehr Puderzucker zugeben.
7. Nun auf einen Boden eine Schicht Frosting streichen und den nächsten Boden obenauf setzen. Sind alle drei Lagen aufeinandergetürmt, auch die Seiten und die Oberfläche mit Frosting versehen. Bis zum Verzehr im Kühlschrank lagern.

MEIN TIPP

Wer keine drei Springformen besitzt, kann die Böden auch nacheinander in einer Form backen.

Schokoladentrüffel

Feine Schokoladenkugeln lachen mich immer wieder an, wenn ich ein schickes Patisserie-Geschäft in meiner Heimatstadt passiere. Dabei ist es gar nicht so schwierig, sie selber nachzurollen. Und das Schöne ist: Man kann sie mit allem flavorisieren, was man gerne mag. Vanille, Espresso, Chili, Haselnusslikör, Zimt ... Ich habe hier mal die Kardamom-Variante gewählt. Wer Kardamom nicht mag, lässt es einfach weg oder sucht sich etwas anderes Leckeres.

FÜR CA. 30 TRÜFFEL

225 g Zartbitterschokolade
250 ml Sahne
1 Msp. gemahlener Kardamom
55 g zimmerwarme Butter
Kakaopulver zum Wälzen

1. Die Schokolade sehr fein hacken.
2. Sahne mit Kardamom in einem kleinen Topf aufkochen und dann über die Schokolade gießen. Schön rühren, bis sich eine samtige Schokoladencreme ergibt. Die Butter nach und nach zufügen und ebenfalls glatt einrühren.
3. Die Schokoladenmischung nun für 15 Minuten im Kühlschrank abkühlen lassen. Anschließend daraus mithilfe eines Teelöffels kleine Bällchen formen und diese erneut für 1 Stunde kalt stellen.
4. Zum Schluss die Schokoladentrüffel rundherum in Kakaopulver wälzen.

MEIN TIPP

Diese leckeren Schokokugeln lassen sich auch sehr schön verpacken und werden so zu einem tollen Mitbringsel für Freunde oder Familie.

Schokoladen-Shortbread-Kekse

MIT VANILLESALZ

Diese leckeren Kakao-Kekse mit zartem Vanillesalzkontrast rufen auch »Hallo«, ohne dass es ihnen aufgestempelt wurde. Aber bevor man vergisst, sie restlos aufzufuttern, habe ich es vorsichtshalber noch mal draufgeschrieben.

FÜR 8 SHORTBREAD-KEKSE
60 g Puderzucker
70 g zimmerwarme Butter
60 ml Pflanzenöl
125 g Mehl
3 EL ungesüßtes hochwertiges Kakaopulver
1 Prise Salz
Etwas Vanillesalz zum Bestreuen

1. Puderzucker, Butter und Öl in einer Schüssel gut verrühren.
2. Mehl, Kakao und Salz kurz vermengen und in die Buttermischung sieben. Mit den Händen zu einem geschmeidigen Teig verkneten und diesen dann in Frischhaltefolie wickeln. Für ca. ½ Stunde in den Kühlschrank geben.
3. Währenddessen den Ofen auf 160 °C Ober- und Unterhitze vorheizen und ein Backblech mit Backpapier auslegen.
4. Den Teig nun ca. 1 cm dick zu einem Kreis ausrollen, mit etwas Vanillesalz bestreuen, mehrmals mit einer Gabel einstechen und ca. ½ Stunde backen.
5. Dann das Shortbread aus dem Ofen holen und in acht Stücke schneiden. Auskühlen lassen und genießen.

MEIN TIPP

Vanillesalz wird von einigen Gewürzherstellern angeboten, man kann es aber auch ganz leicht selber herstellen: Auf eine Tasse Meersalz 4 Vanillestangen auskratzen. Das Mark nun mit einem Mörser oder einem Löffel in das Salz massieren und gut verschlossen aufbewahren.

Erdbeerschokolade

MAL ANDERS

Wer hat eigentlich behauptet, dass Erdbeeren immer nur einzeln mit Schokolade umhüllt werden sollten? Deshalb nehmen wir jetzt 8 oder gleich 10 Stück auf einmal und machen das mal anders. Mindestens 8 bis 10 Mal so lecker!

FÜR 300 G ERDBEER-SCHOKOLADE

150 g Vollmilchschokolade
150 g Zartbitterschokolade
8 große Erdbeeren

1. Eine kleine Kastenform mit einem aufgeschnittenen Gefrierbeutel auslegen.
2. Beide Schokoladen hacken und zusammen über dem heißen Wasserbad schmelzen.
3. Den Boden der Form gleichmäßig mit einer dünnen Schicht Schokolade versehen.
4. Die Erdbeeren waschen, vom Grün befreien und so kappen, dass sie auf dem Kopf stehen können.
5. Die Früchte dann auf dem Schokoladenboden platzieren und mit dem Rest der Schokolade übergießen. So lange (evtl. im Kühlschrank) ruhen lassen, bis die Schokolade fest ist. Dann die Schokolade aus der Form nehmen.

MEIN TIPP

Die Erdbeerschokolade im Sommer eisgekühlt servieren.

Schokoladen-Kokos-
SCONES

Leckere Scones sind das i-Tüpfelchen am Sonntagmorgen. Außerdem sind sie eine wahre Zierde für jeden Frühstücks- oder Brunchtisch. Oft kommen die handlichen Teilchen – hier mit Kokosgeschmack – auch gerne mit auf Picknicktour.

FÜR 8 STÜCK
300 g Mehl
2 EL brauner Zucker
1 EL Backpulver
1 Prise Salz
115 g kalte Butter in Stücken
1 Handvoll Schokostücke (gehackte Schokolade oder fertige Drops)
120 ml Kokosmilch
2 Eier

♥

AUSSERDEM:
Mehl zum Kneten
2 EL Kokosmilch
3 EL brauner Zucker

1. Ofen auf 200 °C Ober- und Unterhitze vorheizen.
2. Mehl, Zucker, Backpulver und Salz mischen. Butter zufügen und mit den Händen krümelig reiben. Dann die Schokoladenstücke zufügen.
3. Kokosmilch und Eier verquirlen und zur Mehlmischung geben. Alles gut mit bemehlten Händen zu einem glatten Teig verkneten. Ist er zu klebrig, nach und nach etwas mehr Mehl zufügen.
4. Den Teig als ca. 4 cm dicken Kreis auf ein mit Backpapier ausgelegtes Blech geben und mit einem scharfen Messer achteln. Mit Kokosmilch bestreichen und mit Zucker bestreuen. (Die Teig-Achtel dann nicht auseinanderziehen, sondern den Teig als Ganzes genauso, wie er geteilt wurde, in den Ofen schieben.)
5. Die Scones 15–20 Minuten backen und noch lauwarm genießen.

MEIN TIPP

Wahre Briten würden sie vermutlich mit clotted cream krönen. Ihr könnt sie aber auch mit Marmelade essen, oder Crème fraîche, leicht geschlagene Sahne, Butter oder Ahornsirup darauf träufeln … Und natürlich ist pura natura auch eine tolle Alternative.

Blaubeer-Torte

MIT WEISSEM SCHOKOLADEN-FROSTING

Ihr seid auf der Suche nach einer himmlischen kleinen Torte für den Sonntagnachmittag im Garten? Hier ist sie. Außen ein Mantel aus süßem Frosting, innen herrliche Blaubeeren als leichtes Gegenspiel. Gartentisch und -stühle aufgestellt, Tischdecke drauf, fertig.

FÜR 2 SPRINGFORMEN (Ø 20 CM)

♥

FÜR DEN TEIG:

450 g Mehl, plus 3 EL extra
3½ TL Backpulver
1 Prise Salz
250 g zimmerwarme Butter
450 g Zucker
Ausgekratztes Mark von 1 Vanilleschote
4 Eier
250 ml Milch
400 g Blaubeeren

♥

FÜR DAS FROSTING:

170 g hochwertige weiße Schokolade, grob gehackt
60 ml Sahne
230 g zimmerwarme Butter
125 g Puderzucker

♥

AUSSERDEM:

Butter und Mehl für die Formen
2 EL Blaubeermarmelade
Blaubeeren nach Belieben zum Dekorieren

1. Den Ofen auf 180 °C Ober- und Unterhitze vorheizen. Die Springformen buttern und mit Mehl ausstäuben.
2. Für den Teig Mehl, Backpulver und Salz in eine Schüssel sieben, dann beiseitestellen.
3. Butter, Zucker und Vanillemark mit dem Handrührgerät cremig rühren. Die Eier nach und nach zufügen.
4. Nun abwechselnd die Mehlmischung und die Milch in den Teig einarbeiten.
5. Die Blaubeeren zunächst in 3 Esslöffeln Mehl wälzen (damit die Beeren während des Backens nicht zu sehr auf den Boden absinken), dann vorsichtig unter den Teig heben.
6. Den Teig nun gleichmäßig auf beide Springformen verteilen und 30–40 Minuten im Ofen backen. Auskühlen lassen und aus den Formen nehmen.
7. Für das Frosting weiße Schokolade und Sahne über dem heißen Wasserbad schmelzen. Abkühlen lassen (wichtig!), dann Butter und Puderzucker zufügen. Mit dem Handrührgerät so lange mixen, bis die Creme streichfähig ist.
8. Das Frosting nun zunächst dünn auf dem ersten Boden verteilen, dann Blaubeermarmelade darauf verstreichen und den zweiten Boden obenauf legen. Das restliche Frosting an den Seiten und auf der Oberfläche verstreichen und die Torte mit Blaubeeren garnieren.

Schoko-Maronen-
KUCHEN

Maronen kann man nicht nur auf dem Weihnachtsmarkt kaufen und sich dadurch ein bisschen Wärme in die durchfrorenen Glieder zaubern. Sie passen auch wunderbar zu Schokolade und als Zutat nebst dieser in einen Kuchen.

FÜR 1 SPRINGFORM (Ø 24 CM)
300 g Zartbitterschokolade
435 g Maronenpüree (Dose)
150 g Crème fraîche
50 g zimmerwarme Butter
4 Eiweiß
80 g Zucker
6 EL Mehl

♥

AUSSERDEM:
Butter für die Form

1. Ofen auf 150 °C Ober- und Unterhitze vorheizen. Die Springform buttern und mit Backpapier auslegen.
2. Die Schokolade grob hacken und über dem heißen Wasserbad schmelzen, dann beiseitestellen.
3. Maronenpüree in einer Schüssel mit Crème fraîche und Butter mischen.
4. Eiweiße steif schlagen und nach und nach den Zucker einrieseln lassen.
5. Das Mehl zur Schokolade geben und die Masse dann mit der Maronencreme gründlich vermischen.
6. Ein Drittel des geschlagenen Eiweißes unter den Schokoladenteig rühren, den Rest des Eiweißes dann vorsichtig unterheben.
7. Den Teig in die Form füllen, diese mehrmals auf die Arbeitsfläche klopfen, damit sich der Teig gleichmäßig verteilt.
8. Den Kuchen ca. 50 Minuten im Ofen backen. Dann auskühlen lassen.

MEIN TIPP

Wer mag, kann den Kuchen vor dem Verzehr mit Kakao bestäuben und dann mit Vanilleeis servieren.

KALTER *Minzhund*

Ein echter Kindheitsklassiker, den ich mit Pfefferminzgeschmack etwas erwachsener gemacht habe. Dachte ich zumindest, bis die Kinder am Kuchentisch doch genauso viel Gefallen daran fanden wie wir Großen und der kalte Hund ratzfatz weg war.

FÜR 1 SEHR KLEINE KINDER-KASTENFORM
(bei einer normalen Formgröße die Mengen verdoppeln)
75 g Zartbitterkuvertüre, grob gehackt
200 g Vollmilchkuvertüre, grob gehackt
14 Täfelchen Schokolade mit Minzfüllung (z. B. After Eight)
75 g Palmin
100 ml Sahne
1 Päckchen Vanillezucker
125 g Butterkekse

1. Schokoladen, Palmin und Sahne in einem Topf bei mittlerer Hitze langsam schmelzen lassen. Dann den Vanillezucker zufügen und die ganze Masse etwas abkühlen lassen.
2. Die Kastenform mit einem aufgeschnittenen Gefrierbeutel auskleiden. Den Boden mit etwas Schokoladenmasse bedecken, dann abwechselnd Kekse und weitere Schokolade einschichten. Mit einer Lage Schokoladencreme abschließen.
3. Ab in den Kühlschrank mit dem Goldstück. Den kalten Hund dort in ca. 6 Stunden fest werden lassen.
4. Stürzen, von der Folie befreien, anschneiden, kosten und glücklich sein.

Kakaokuchen

MIT DOPPELTER SCHOKOLADE

Kaum war er da, war er schon wieder weg. Wie das kommen konnte: ein freier Nachmittag, zwei Schulkameraden zu Besuch, macht drei hungrige Mäuler. Die Jungs schwärmen heute noch: »Hat deine Mama mal wieder gebacken?«

FÜR 1 MITTELGROSSE GUGELHUPFFORM

♥

FÜR DEN TEIG:
230 g Mehl
5 EL ungesüßtes hochwertiges Kakaopulver
1 EL Backpulver
1 Prise Salz
4 Eier
220 g Zucker
240 ml Milch
125 g Butter in Stücken

♥

FÜR DIE GLASUR:
60 ml Milch
200 g Vollmilchschokolade, gehackt

♥

AUSSERDEM:
Butter und Mehl für die Form
100 g Vollmilchschokolade zum Garnieren

1. Ofen auf 180 °C Ober- und Unterhitze vorheizen. Die Form buttern und mit Mehl ausstäuben.
2. Für den Teig Mehl, Kakao, Backpulver und Salz mischen, dann in eine Schüssel sieben und beiseitestellen.
3. Eier und Zucker mit dem Handrührer mixen, bis die Masse hell und cremig ist. Dann die Mehlmischung gut unterheben.
4. Milch und Butter leicht erwärmen, bis die Butter geschmolzen ist. Diese Mischung zum Teig geben und alles zu einer homogenen Masse vermengen.
5. In die vorbereitete Form füllen und 20–25 Minuten im Ofen backen (Stäbchentest machen!). Anschließend auskühlen lassen und aus der Form stürzen.
6. Für die Glasur Milch in einem kleinen Topf aufkochen, sofort vom Herd ziehen und über die gehackte Schokolade gießen. Kurz ruhen lassen, dann einmal umrühren und den Kuchen vorsichtig damit überziehen.
7. Die restliche Schokolade über dem heißen Wasserbad schmelzen und dann sofort auf ein Stück Backpapier gießen. Dieses dann rasch und vorsichtig aufrollen und die Schokolade im Kühlschrank fest werden lassen. Wenn man die Rolle anschließend wieder entblättert, entstehen hübsche gewellte Schokoladenhobel. Damit den Gugelhupf garnieren.

REGISTER

Für Henri, das Zuckersüßeste in meinem Leben

5 4 3 2 1   18 17 16 15 14
978-3-88117-910-2

Text: Virginia Horstmann
zuckerzimtundliebe.wordpress.com

Fotos: Virginia Horstmann, außer Umschlagfoto vorne rechts oben, Umschlagfoto hinten,
Fotos Vor- und Nachsatz, Fotos auf S. 1, S. 2, S. 8 (links Mitte), S. 42 (oben Mitte),
S. 80 (rechts oben, unten Mitte), S. 106 (rechts oben), S. 142 (rechts oben) und S. 176: Jessica Preuhs
Illustrationen: Julia Marquardt
Covergestaltung: Tanja Kapahnke
Redaktion: Christin Geweke
Bildredaktion: Lisa Frischemeier
Satz und Litho: typocepta, Köln

www.hoelker-verlag.de